書下ろし

# 弁護士が教える 本当は怖いハンコの話

木《き》山《やま》泰《ひろ》嗣《つぐ》

祥伝社黄金文庫

## ハンコを押すことの意味を理解しよう

日常生活のなかでハンコを押す場面はたくさんあると思います。実印は持っていない方でも、ご自身の認印は持っている方がほとんどでしょう。ハンコを持っている方が多いということは、それだけハンコを押す機会が多くあるということです。

ハンコを押す慣習がある国は世界的にみると多くはないようです。欧米の契約書を見たことがある方はわかると思いますが、英文の契約書は、ハンコを押すことなく、手書きのサインで作られています。日本の契約書よりもはるかにこまかくびっしりと条文があるのですが、当事者がハンコを押すことはありません。サインをすることで契約を締結したことになります。

これに対して、日本では法律上はサイン（手書きで自分の氏名を書くこと）でも当事者の意思表示があったことの証拠になるのですが、実際にはサインだけでなくハンコも押すことを求められることが多いです。大きな契約になると、個人でも実印を押すことを求められます。大きな契約でなくても、実印が求められる場合もあります。

身近にある例としては、アパートやマンションの部屋を借りる場合、大家さんと賃貸借契約を締結すると思います。この場合、不動産仲介業者が作成した賃貸借契約書の雛型を見ると、連帯保証人については実印を求めるものが多くなっています。

大学に入学して、あるいは社会人になって、ひとり暮らしを始める場合、結婚してマンションを借りる場合など、最初にぶつかるのは連帯保証人を探すことだと思います。多くの場合は身内、特に父親や母親にお願いすることになると思います。そしてマンションを借りるあなたも賃借人（部屋を借りる人）として、サインをしてハンコを押すことになります。

さらに身近な例をいうと、郵便の受け取りでもハンコを押すことがあるはずです。このようにわたしたちの暮らしは契約であふれていますし、ハンコを押す場面はとても多いです（ハンコを押す場面の具体例については、本文でさまざまなシーンを紹介します）。

それにもかかわらず、ハンコを押すことの意味について、きちんとした知識がある方というのはとても少ないのではないでしょうか。ハンコを押すということは、多くの場合は、そこに法律上の効果が発生することになります。それは「契約書」というタイトルであるかどうかにかかわらずです。

契約書ではないからべつにいいだろうと思いポンポンとハンコを押される方。契約書であってもなにが書いてあるのかよくわからないし、読むのもめんどうだからまあいいや、ということでハンコを押される方。そのことだけですぐに問題が起きることはないかもしれません。実際に問題が起きたこともなかったかもしれません。しかし世の中には、ハンコを押したことでたいへんな目にあわれる方が大勢いらっしゃいます。

本書ではハンコを押すことの意味を、具体的なシーンを通じて知っていただくことを主なテーマとしています。タイトルは「怖い」とありますが、大事なことは怖がることではなく、ハンコを押すことの意味をきちんと知っておくということです。そのうえでハンコを押すのと、なにも知らないでハンコを押してしまうのとでは、大きな違いがあります。

どうぞ気軽にお読みいただき、ハンコを押すことの意味を少しでも知っていただければ幸いです。最後に、本書の企画から編集までご尽力いただいた祥伝社黄金文庫編集長である吉田浩行さんに心より御礼申し上げます。

平成23年3月

弁護士　木《き》　山《やま》　泰《やす》　嗣《つぐ》

もくじ

## 第2章　本当は怖いハンコのひと押し

## 第5章　小説で読むハンコのトラブル110番



本文装丁／中原達治

# 序章

# あなたは気軽に
# ハンコを
# 押していませんか？

## あなたはこれまでの人生で何回ハンコを押してきましたか？

「そんなこと言われても数えられません」と思われたあなた。

では、質問を変えさせてください。


「あなたはハンコを押すことの意味をわかって、ハンコを押していますか？」


「そりゃあ、たしかにそのとおりだって認めるってことなんじゃないですか。それくらい大人ですから、わたしにだってわかりますよ」と思われたあなた。正解です。

ハンコを押すということは、責任ある大人として、その紙に書いてあることを認めたということです。ハンコの種類についてはまた後ほどお話をしますが、「認印《みとめいん》」というのは、まさに「認めます」という「印鑑」です。その紙に書かれていたことを、「たしかにそうでございます」と認めたということです。

ではもう少し突っ込んで質問をさせてください。

その紙に書かれていることをあなたが認めたことが、その後でどんな意味をもつのかイメージできますか？

もう少し具体的にお聞きしましょう。あなたはハンコを押したことで、たいへんな目にあったり、思ってもみなかったトラブルに巻き込まれたことはありますか？

「ありますよ」という方は本書の意味については、すでに経験的に理解されている方です。本書では、ハンコの意味について、ケースをたくさん挙げながら解説をします。次は失敗することがないように、本書をお読みいただければと思います。

しかし「ありますよ」と答えた方はそんなに多くはないかもしれません。そうでしたか。あなたもハンコのことで、トラブルになった経験はなかったですか。それはよかったです。ラッキーでした。でも、これからもずっとない……とは限りません。

「ハンコなんてしょっちゅう押しているけど、ハンコで痛い目にあったことなんて1

回もないですよ。よく言うじゃないですか。ここに押していただければそれでいいですって。ああ、そうですか。押すだけですか。どうぞどうぞ、わかりました。ハイハイって。ぽんぽん押しちゃってますよ。だって、たくさん文字がつまっている文章を読むなんてめんどうくさいし、そもそもわたしなんかには、なんのことやらさっぱりわかりませんよ。わからない文章を読んで、相手の機嫌をそこなうくらいなら、気持ちよくわかりましたって押すのが社会人の礼儀じゃないですか。えっ？　違います？　処世術みたいなものですよ。みんなそうしていますよ。違うんですか？」

さあどうでしょう。あなたはいかがですか？　ハンコを押すときに、いつもどんなことを考えていますか？

おそらく多くの方がなんとなく、なのだと思います。契約のことなんてよくわからないし、小さな文字で書かれている文章なんて読むのもめんどう。それに読んだところで、どうせハンコを押すしかない。「押しません」なんて言おうものなら、うるさい人だと思われてしまう。みんなが押しているんだから、問題ないだろう。

そういう方が多いのだと思います。そういう方が多くても、それで社会が成り立っているようにみえるのは、トラブルになった場面を見たことがないからです。

それは、ふられたことがない人が、ふられた辛さをわからないのと同じです。お酒を飲んだり、スピードを出したり危険な運転をしているのに、事故を起こしたことがないからといって、これくらいだいじょうぶだよと奥様に言っているのと同じです。

もっと悪いたとえをするなら、スーパーで万引きをした中学生が、見つかんねえからだいじょうぶだよ、と仲間に言っているのと同じかもしれません。もちろん、あなたが犯罪を犯していると言っているのではありません。ハンコを押すことが悪いことだと言っているのではありません。ただ、ハンコを押すことには、あとで取り返しがつかないくらい大きなダメージを受ける危険があるのです。危険があるというのは「可能性の問題」です。危険がない場合もあります。まだ起きていないだけの場合もあります。

彼女にふられた人は、そこで初めてみじめな思いをします。ふられた経験があった友だちは、だから言ったじゃないか、そんな態度じゃ危ないよって、と言いたくなるものです。交通事故も同じです。事故を起こして初めて、危ない運転をしていたことに気づくものですが、それでは遅いのです。万引きをした中学生は、たまたま見つからなかっただけです。たまたま捕まらなかったのをいいことに、大人になってもそんなことをしていたら、あるとき逮捕されて、被告人として裁判にかけられることになります。そのとき、その被告人が「今まで何度やっても見つからなかったのでだいじょうぶだろうと思っていました」と弁解したら、傍聴人はどう思うでしょうか。

「なにを言っているんですか。みんな悪いことをしていた例ばっかりじゃないですか。ふられた男だって、事故を起こしたドライバーだって……。だいたい、万引きなんて犯罪ですからね。もともと悪いやつらなんですよ。わたしはそんなことはしませんよ。だいたいどれもハンコを押すこととは、話がちがいませんか。おどかしたりしないでくださいよ」と思われたあなた。くりかえしますが、ハンコを押すことが悪いというつもりはまったくありません（もちろん、悪いことはしてはいけませんよ）。

　お伝えしたいことは、ハンコを押すときには、十分に気をつけていないとたいへんな目にあうことがある、ということです。そして、たいへんな目にあってからでは、取り返しがつかなくなることがある、ということです。

　もちろん、ハンコにも種類があります。たいへんな目にあう可能性は少ないものもありますし、たいへんな目にあう可能性が高いものもあります。いずれにしても可能性なので、現実的には、なにも起きないで終わることもあるでしょうし、運悪く、ハンコのせいで人生を棒にふってしまうこともあるかもしれません。棒にふるまではいかなくても、そうとうに苦しい思いや、いやな思いをすることになる人は実際にいます。

　あなたにそういうことが起きないよう、少しだけでいいので、ハンコの知識をもっていただきたいのです。なぜなら、ハンコを押したがために、痛い目にあう人は、ハンコを押さなければ痛い目にあわなかった人だからです。あたりまえのように思われるかもしれませんが、それでも多くの方は、ハンコを押し続けています。押さざるをえないハンコがたくさんあるのは、そのとおりかもしれません。

そうだとしたら、そのハンコを押すときに、その都度チェックできるようになったほうが安全ではありませんか。

これは、そういうお話です。

大人になったら、自分の身は自分で守らなければいけません。

わたしどもは、たいへんな目にあわれた方からご相談を受け、なんとかお役にたてるよう、法律の考え方を使うのが仕事です。場合によっては、裁判という制度を使って、お客さまの権利を救済することもあります。事後的にご相談にいらっしゃった方々を少しでもお助けするのがわたしどもの役目です。

しかし、残念ながらことが起きてからでは、どうにもならないこともあります。押してしまったハンコは、元に戻せないのです。契約書でなくても、紙切れ1枚であっても、たしかにそこにあなたの名前が書かれていて、あなたのハンコが押されているのだとすると、その事実を覆《くつがえ》すことはできません。それによって、取り返すことは困難な法律問題があるのです。

そういうことがないよう、ハンコを押すときには注意をしていただきたいのです。そうすれば、安心して毎日を過ごすことができます。もちろん、こちらに非がないときであっても、言いがかりを受けることはあるかもしれません。他人の行動までコントロールすることはできませんので、そのこと自体を防ぐことはできません。

しかしそういう場合でも、裁判を起こされてしまったような場合でも、ハンコを押すときにやるべきことをやっておけば、身を守ることができます。

やるべきことについては、あとで詳しくお話をします。ただ、あまりこむずかしい契約書の条項の話などはしません。あくまで本書は、法律や契約のことは、ほとんど勉強したことがない方を対象にしているからです。むずかしいこと、専門的なことは、専門家に相談すればだいじょうぶです。

えっ？　なんですって。どうされました？

ハンコで痛い目にあうって、いったいどんな例があるのか、ですって?

失礼いたしました。肝心《かんじん》なことをお話しするのを忘れていました。本当は忘れていたわけではないのですけどあなたに興味をもっていただけるまで、ちょっと前ふりをさせていただきました。いきなり、怖い話をするのは本意ではありませんし……。ただ、やはり最初にお話ししておいたほうがよいかと思います。

ハンコひとつで、どんなひどい目にあうことがあるのでしょうか。わたしどもがご相談を受ける日常では、ああ押さなければよかったのに……と思ってしまうことが本当にたくさんあります。

例えばですが、こんなことがありました。

事業をやっていたご主人が銀行から借入れをしました。借金です。事業資金として2000万円を借りました。キミ子さんは、ご主人から、「おまえに迷惑をかけることはないし、ハンコを押すだけでいいから」と言われ、書類にハンコを押しました。それがなんの書類だったのかはあまり覚えていませんでした。ただご主人の借金の保証かなにかだったようなおぼろげな記憶はあります。

しかし、キミ子さんはご主人と離婚しました。どうにも事業がうまくいっているようにはみえないのですが、自営なので仕事、仕事で、まったく家庭をかえりみないご主人に愛想を尽かしたからです。それから12年がたちました。

前のご主人のことなどすっかり忘れ、今は新しい旦那さんと3人の子どもをもうけ幸せに暮らしていました。ところが、ある日、キミ子さんのもとに、銀行から督促状が届きます。

すぐに1500万円を払わないと、マンションを差し押さえるというものでした。マンションは、新しい旦那さんと共有名義で購入したもので、今現在、家族と暮らしている部屋でした。なんで、わたしが……。愕然《がくぜん》とするキミ子さんですが、調べたところ、この借金、前のご主人の借金だったのです。返済しきれなくなった旦那さんは、会社も、個人も破産をさせて、返さなくてよいことになったというのです。それで、当時、連帯保証をしていたキミ子さんが、銀行から請求されたのです。

「おかしくございません？　わたしが借りたお金ではないんですよ。その人とは12年前に正式に離婚もいたしました。今は新しい夫と再婚して暮らしております。離婚が成立したのですから、前の人の借金は関係ないのではございませんか。わたしがお支払いする必要はないですわよね？……ねえ、そうですよね？」

残念ながら連帯保証契約書にハンコを押したキミ子さんは、お金を借りたご主人と離婚したからといって、銀行からの請求を拒否することはできません。ハンコを押したのは、銀行に対してだからです。銀行に対して、その当時のご主人が借りたお金について連帯して保証します、という約束をしたことになるからです。

奥さんやご主人の連帯保証をする機会はなさそうだから自分には関係ないな、と思われたあなた。

学生時代の友人や、上司から、連帯保証をお願いされたら、あなたはきっぱり断れますか？　恩義のある親戚や先生から連帯保証をお願いされたときでも、きちんと断れますか？

「きみには絶対に迷惑かけないから、ハンコをここに押してくれるだけでいいんだ。それだけで僕の人生は救われるんだ。借金は必ず返す。返すあてもある。ただ連帯保証のハンコがないと、銀行も貸してくれないんだ。形式的なものなんだよ。なにもきみには迷惑がかからないようになっているから。すまんが、ここにハンコを押してもらえないかね。一生の頼みだ。このとおり……」

と頭を下げられて、しぶしぶハンコを押してしまったら、あなたもキミ子さんと同じです。いや、あの人ならだいじょうぶです。信頼できる人です。そう言っていた人に、数年後に内容証明郵便が届く例はあとをたちません。

あなたが押したそのハンコ。本当にだいじょうぶでしょうか？

連帯保証だと、まだピンとこない方もいらっしゃると思います。そこで次はあなたの身近でも起こりうるハンコを押す場面をこれからお話しします。

## 1　インフルエンザの予防接種

新型インフルエンザの流行があってから、今まで受けていなかった人でも、インフルエンザの予防接種を受けるようになった方が多いかもしれません。

インフルエンザに限らず、ワクチンで対応が可能な病気については、さまざまな予防接種が行われています。

しかし、実際に予防接種を受けるときには、すぐに注射をしてもらえるというわけではありません。必ずそのときの体温を測ったり、説明事項が書かれたペーパーを読まされて、そこに同意をするサインを求められるはずです。

医療行為については、ほとんどの患者が医療に関する知識をもたない素人です。しかし、医療行為には常に副作用などのリスクが伴います。一般的には安全な方法であっても、個人によっては体質上アレルギー反応が起きてしまう人もいます。

そこで手術などの大きな医療行為に限らず、インフルエンザの予防接種のような一瞬にして終わる医療行為でも、患者に対して副作用のリスクなどについて説明がなされるのが一般的です。

といっても病院にはたくさんの患者さんがやってきます。お医者さんが患者さんひとりひとりに対して丁寧に予防接種のリスクについて説明をしていたら、それだけで1日が終わってしまいます。そこで実際には、インフルエンザの予防接種のように多くの方に同じような医療行為を行うものについては、あらかじめ説明文書を用意して、「読んでおいてくださいね」と看護師さんから言われることになります。そしてただ読むだけでなく、実際に予防接種をしてもらうためには、最後に同意をするサインをしなければならない仕組みになっています。

あなたもこうした経験があるのではないでしょうか。多くの方は、まあオレには関係ないだろう、からだは丈夫だから副作用なんて出ないだろうと思って、ふんふんと読み流し、ハイ、サイン、終了！　という感じで、さらりと終えてしまうと思います。小さい字でよくわからないことがいろいろ書かれていますし、バカ丁寧に読むのもアホくさいし、時間のムダ。どうせ単なる手続だろう、ということでささっとサインをして看護師さんに提出。このパターンが多いと思います。

はたしてそれでだいじょうぶなのでしょうか？　サインの意味、わかっています？

その同意書にはなんて書いてありましたでしょうか？

ほとんどの方がなんと書かれていたかも覚えていないと思います。わたしの手元にあるサンプルには、次のようなことが書かれています。

「本人または保護者に対して、厚生労働省『新型インフルエンザ（A／H1N1）ワクチン接種実施要領（別紙○）』により、予防接種の効果、副反応及び予防接種健康被害救済制度について説明をした。

医師署名　○○○」

ええ、そうです。よく見るとお医者さんも署名《しょめい》していますね。「説明をした」と書いてあります。あなたは、予防接種の効果、副反応、予防接種健康被害救済制度について、先生から説明を受けましたか？

きちんと受けました、という方は問題ありません。しかし実際には多くの方がそんな説明なんて受けたっけ？　と考えると思います。

さらにです。あなたは、次のような欄に署名をしていますよ。

「医師の診察・説明を受け、予防接種の効果や目的、重篤な副反応の可能性などについて理解した上で接種を希望しますか。

（接種を希望します・接種を希望しません）

平成23年3月21日　　本人または保護者自署　△△△△」

お医者さんが署名をするのはお医者さんの自由です。しかし、この欄は、予防接種を受けるあなた自身が署名をしています。医師から説明を受けたこと、予防接種の効果や目的、重篤な副反応の可能性などについて、あなたは理解をしたうえで、その医師にインフルエンザ予防接種を希望したのです。そのことをあなたが、平成23年3月

21日にたしかに認めたのです。

「自署」というのは、「ジショ」と読みます。病院にハンコをわざわざもってくる人は少ないでしょうから、サインでいいですよということにしているのです。手書きで自分の氏名を書くことを「自署」と言います。自分で署名するという意味です。わかりやすい言葉でいえばサインです。あなたは、本当に「理解」していましたか？

ちなみに「別紙」を見ると、もうなんだかわかりません。むずかしい医療用語が満載で、読むかぎり、危険なことばかりが書かれています。

長いので全部は引用しませんが、「6．副反応について」という部分を読んでみましょう。

「副反応とはワクチン接種に伴い、ワクチン接種の目的である『免疫の付与』以外の反応が発生した場合、これを副反応と呼びます。季節性インフルエンザワクチンでは副反応として、局所反応（発赤、腫脹、疼痛等）、全身反応（発熱、悪寒、頭痛、倦《けん》怠感《たいかん》、嘔吐《おうと》等）がありますが、通常2—3日で消失します。そのほか、ショック、アナフィラキシー様症状、急性散在性脳脊髄炎、ギランバレー症候群等も重大な副反応としてまれに報告されます。なお、局所の異常反応や体調の変化、さらに、高熱、けいれん等の副反応を呈した場合には、速やかに医師の診察を受けてください」

……どうです。これ、別紙全体の8分の1くらいのスペースです。この8倍の説明が書かれています。あなたはこうした副反応が起きる可能性があることを理解して、サインをしたことになっています。

これがなにを意味するかというと、あとで万が一、重篤な副反応が起きたとしても、医療ミスだ！　とか、そんな説明は聞いてなかった！　といって病院を訴えることはできないということです。

もちろんここに書かれていない症状が起きたり、医師の接種ミスなどがあって医療事故が起きた場合は別です。しかし、ここに書かれていることは、あらかじめ可能性としてはリスクが存在しており、そのことについては説明をしたうえで、納得した方だけに予防接種をしているという仕組みになっているのです。

だからこそ、あなたの自署が求められているのです。あなたはこうした副反応が起きる危険を避けたいのであれば、「接種を希望しません」という欄に○をつけて、予防接種を受けなければいいのです。しかし、ほとんどの方は接種を受けるでしょう。いろいろあるのだろうけど基本的には問題ないから病院でやっているんだろう、という程度の認識でサインをする方がほとんどだと思います。しかし、こういった書面は、病院にとっては法務リスクを軽減する措置です。裁判になれば「証拠」として提出されるものなのです。もちろんあなたに不利な証拠として……です。

## 2　宅配便の受取りのハンコ

だれでも気軽にハンコを押す場面といえば、宅配便などを受け取ったときが思い浮かぶのではないでしょうか。特に主婦の方や、会社で郵便物の受取り業務を担当されている方だと、毎日のようにあることだと思います。

宅配便などの受領印は、ハンコがない場合には、サインでもよいと言われると思います。サインでも、ハンコでも、いずれにしても、そこには、たしかに受領しましたよ、という意思が表明されていることになります。実際に宅配便を受領したのだから、受領印を押すのはあたりまえだし、そもそも押さないと受け取ることもできない。契約書にサインをするわけでもないし、なにも問題ないでしょう、と思われる方もいるかもしれません。

たしかに宅配便の受領印は、その受領書に記載されている内容物を受領したというサインであって、そこでなにか新しい契約をするという意味はありません。ハンコを押したからといって、あとから法外な請求をされるおそれがあるとか、損害賠償請求を受けるとか、そういうものではありません。

しかし注意しなければならないのは、受領印を押したということは、その内容物を受領したということです。受領したということがもつ意味は、ひとつは、その日にあなたが内容物を受け取ったという証拠になるということです。例えば、クーリングオフができる商品を購入したとします。そうすると、契約書面に受領印を押した日が、あなたが商品を受領した日時として、証拠が残ります。その日からクーリングオフの期間を計算することになります。あとから、いや知りませんでした、ということは言えなくなります。

そもそも、あなたが注文してもいない商品が届いた場合はどうでしょうか。注文したつもりもないのに、よくわからない商品が通信販売の会社から宅配便で送られてきて、受領印を押して受け取ってしまった。こういう場合には、受け取った以上は商品の代金も払えということになりかねません。もちろんまったく注文した覚えがないものであれば、受領印を押して受け取ったとしても、中身を見てから、注文していないものだったので返品します、ということで返送することはできます。

問題なのは、送られてきたから受け取った。頼んでないものだけど、開けてみたら便利そうなものだったから使ってしまおう。でも注文したわけじゃないから、お金は払わないよ、ということは言いにくくなるということです。あなたが受領印を押した日に商品を受け取ったことが証拠として残ります。それから数カ月たっても商品を返品していない、かつ使用してしまい返品できる状態ではない、となれば、代金相当額は払ってくださいとなる可能性があるからです。

こうしたことから言えるのは、内容物をきちんと確認してから受領印を押すべきだということです。もちろん、内容物の記載を見るだけでは、中身は正確にはわかりません。受領印を押して、内容物を受け取ってから、初めて開封し、中身をきちんと確認できることになるのはやむを得ません。しかし大事なことは、それ以前の段階で明らかに受け取るべきでないものは、受け取らないという方法があるということです。宅配便が送られてきたからといってすべて受領しなければならない義務はありません。身に覚えのない会社から注文していない商品が送られてきたのであれば、受領をする必要はありません。

こうした問題のほか、宅配便の受領印については、内容をきちんと確認しなかったがために、受領していないのに、受領印を押してしまうケースです。もちろん段ボール箱がひとつであれば間違えることはないでしょうが、同時にいくつも受領するような場合には、きちんと内容物があるかを確認したうえで、ひとつひとつの受領書にハンコを押すようにしないと危険です。受領印を押した以上、あとから届いてないいんですけど、と言えなくなってしまうからです。本当に届いていないのであれば、きちんと説明をすれば再送してくれるかもしれません。しかし受領印があり、かつ先方が発送した記録をもっている場合には、二重取りかと疑われます。注意が必要です。

あなたの自宅に届いた商品であれば、あなたの自己責任ですむ話ですが、これが会社の業務として行っていた場合には、大きな責任問題になりかねません。会社に宅配便などの郵便物が届く機会は多いと思います。重要な書類や、重要な商品を受け取ることも多いと思います。あなたが自宅で受け取るものと違い、会社の従業員として受領印を押した場合には、そのことで重要書類や重要商品を逸失すれば、会社に生じた損失についてあなたが責任を負うことになります。

その処遇をどうするかは、社内で決めることですが、日常的に郵便物が多いなか、きちんと確認もせずにポンポンとハンコを押してしまっている実態が浮き彫りになると、社内での信用を失いかねません。ハンコを押す際には、契約書でなくとも注意すべきなのです。

## 3 社内での決裁文書

なにかというとハンコを求められる部署もあると思います。現在はメールの普及により書類が電子化し、ペーパーレスが進んでいるため、かつてほど、社内でハンコをペタペタ押さなければいけない場面は減っているかもしれません。

とはいえ、社内で重要な地位につけばつくほど、上司として、社内文書などをチェックする場面が増えることは、今も昔も同じでしょう。そして、チェックしたことを示す印として、ハンコを押す文書が回覧されることもあると思います。

役員になられている方は「稟議書《りんぎしょ》」というかたちで、社内文書の決裁について、担当役員全員の稟議にかけ、チェックをした旨を示すために、ハンコを押すことでしょう。役員ではなくても、社内でハンコを押す場面はあると思います。

こうした社内文書や稟議書などの決裁書で、上司（担当部署の責任者）として、ハンコを押すことにはどのような意味があるのでしょうか。

次から次へと社内文書がまわってくるポストにつかれている方は、それほど重要でない文書の場合には、なにも見ないでポンポンとハンコを押しているかもしれません。

「いやいやそんなことをするはずがないでしょう、仕事としてやっている以上、きちんと目を通したうえでハンコを押していますよ」という反論をされる方もいるかもしれません。ハンコを押す以上、その内容はきちんと見ましたよ、という意思表示をしたと判断されることになるので、きちんと文書に目を通されるのはたいへんよいことです。目を通さないでハンコを押したら、あとでとんでもない問題が起きることがあるかもしれません。おまえは、なにも見ないで、こんな重要な文書にハンコを押したのかと、上司に叱責《しっせき》されてはたまったものではないでしょう。

いずれにしても、こうしたことは日常の社内業務から想像できる範囲だと思います。なにも、法律的なお話をここでするまでもなく、その意味はわかるでしょう。特に社内で意見が割れているような問題については、当該部署の責任者として慎重な判断をしたうえで、賛成にハンコを押すか、あるいは意見をつけるかなどを検討すべき場合もあると思います。と、ここまでのお話はあくまで、社内の問題でした。

さて、社内文書などにハンコを押すことが、社内の問題以外に、法律的になにか問題を引きおこすことがあるのでしょうか。

問題になる場面はさまざまなので、ここではいちがいに言うことはできませんが、法律問題になるのは、企業不祥事があった場合です。近年は企業不祥事が次々と新聞やテレビで報道され、社会問題になる時代です。これは内部通報制度が整備されたことや、インターネットの普及によって、社内に存在する問題を外部に知らせることが容易になった点が挙げられます。

法律面をみても、公益通報者保護法ができ、公益通報者を保護する法制もできましたし、会社法が制定・施行され、企業内における内部統制システムの構築が強く要請されるようになりました。また、こうした法改正の動きは、同時に、日本社会の風土として、コンプライアンスの要請が高まり、法令遵守が声高に叫ばれるようになったという背景事情もあります。

近年の日本国内における弁護士の活躍場面として、第三者委員会のメンバーになるということが多くなっているのも、こうした日本社会における法令遵守の徹底の要請からです。第三者委員会というのは、企業が不祥事を起こした場合に、社内で不祥事の原因を調査するだけでなく、社外の人間を抜擢して第三者の目で、当該不祥事について事実調査と法的観点からの違法性の有無を判断するメンバーのことです。コンプライアンスの観点から、法律専門家を入れる必要があるため、弁護士が第三者委員会のメンバーとして選任される例が多くなっています。

企業不祥事が明るみになり、その原因解明が始まると、第三者委員会などが、まず、事実関係を徹底して調査します。事実関係というのは、だれが、だれに対して、いつ、どんな目的で、どんなことをしたのか、といった点をすべて洗い出すことです。事実関係を調べるためには、関係者に直接インタビューを実施するという手法が採られます。

しかし、人の証言には虚偽《きょぎ》が入るおそれが常にあるため、刑事事件の捜査と同じで、客観的な資料も同時に見ていくことになります。とりわけ、当該不祥事に関連する社内文書はすべてチェックされることになります。この場合、文書に限らず、メールなども対象になるでしょう。

いずれにしてもここで本書のテーマと関連してくることとは、社内文書が調査の対象になるということです。さきほどハンコをむやみに押してはいけないという話をしましたが、あなたの会社で不祥事が起きた場合、あなたが直接不祥事を起こしたのでないとしても、それに関連する社内の手続にあなたが関与していたという場合もありえます。

直接的に逃れられなくなるのが、ハンコを社内文書に押していた場合です。ひとりだけという文書は少ないと思いますので、そこにハンコを押した数名がみな調査の対象になるでしょう。そのとき、そこで決裁した事項が、違法性を帯びるもの、あるいは違法の疑いがあるもの、あるいは違法とまではいえなくとも、社会的・倫理的に非難されるたぐいのものであったような場合には、問題行為にあなたが関与していた証拠になってしまいます。

もちろん、ハンコを押していたというだけで、その行為の責任をすべて負わされるわけではありません。しかし、その手続に関与し、ハンコを押しているということは、その文書にあなたが問題点を指摘したり、反対の意思を表明したことが書き記されていないかぎりは、あなたはその事実を把握しながら、反対をしなかったという評価を受けることになります。

ハンコの話がテーマなので、大きくは取り上げませんが、担当者・関係者複数名がCCなどでメールの宛名に入っており、メール上で議論がされたような場合も同様の問題が出てきます。

大事なことはメールでも文書でも、それが記録として残り、そこに関与者の名前が登場した場合には、その関与者が明確な反対の意思や反対意見を付していないかぎり、少なくともその事実を黙認したという証拠になってしまう点です。もちろん、あなたが知らないところで勝手にハンコを押されたという場合には偽造の問題になりますが、そうでないかぎり、あなたが黙認したという証拠になってしまいます。

また、偽造と言いましたが、他人があなたの承諾なく勝手にあなた名義の署名や押印をすることは、権限がない者による偽造となりますが、あなたのハンコが押されている文書が出てきた場合、そのハンコはあなたが押したものではなく、別の者が勝手に押したのだと立証できなければ、あなたが押したものとみなされてしまいます。

その意味では、ハンコを人が勝手に押すことがないよう、自分の管理下に置いてきちんと保管しておくということも、リスク管理として重要になってきます。「わたしはハンコを押していません」という場合でも、あなたの部下にあなたのハンコを預けっぱなしにして自由に押してもらっていたような場合には、そのことについて、あなたがやはり管理責任を問われるおそれもあります。

このように、契約をする場合でなくても、勤め先の会社のなかで、社内文書にハンコを押すだけで、あとで大きな責任を問われるリスクはあります。企業不祥事について言及してきましたが、不祥事でなくても、会社が訴訟を提起した場合、提起された場合も同じです。民事訴訟で、刑事事件のような犯罪行為ではないとしても、あなたがハンコを押した文書が重要な証拠となり、会社が損害賠償責任を負うような事態が起きないとは言えません。

## 4　裁判所から届いた訴状にハンコを押して、出頭しないと欠席判決に

裁判所から書類が郵送されてくるということは、人によっては一生縁のないことだと思いますが、なんらかの場面で訴えられるということもあるのが人生です。
訴えるとか、訴えられるなどというと、怒りや不安で震え上がるような体験だと思われる方が多いかもしれません。テレビのドラマやバラエティ番組などを見ていると、「訴えてやる！」というシーンがよく登場します。テレビのイメージからすると、裁判になると、尋問をされたり、裁判官から判決を言い渡されたり、たいへんやっかいなことが始まると思われている方が多いかもしれません。

こうした裁判に対するイメージはある意味正しいですが、誇張されている面もあります。

というのも、訴えられた場合には裁判所に出頭して、裁判を受けなければならないのが原則ですが、弁護士を代理人に選べば、基本的にはあなた自身が裁判所に足を運

ぶ必要はないからです。代理人になった弁護士があなたの代わりに、裁判の期日に出頭して、あなたの代わりに訴訟活動をしてくれます。多くの方は裁判というと、自分自身が毎回法廷に行き、裁判官から根掘り葉掘り尋問を受けるものだと誤解されていますが、そのようなことはありません。

代理人として訴訟活動をする弁護士も、民事の裁判では、書面の交換をして、次の期日を決める程度で、裁判の期日を終えて帰るだけです。

ただし、証人を法廷に呼び、尋問をすることもありますので、そういう場合には、テレビドラマで登場するような尋問のシーンになります。しかし、すべての裁判で尋問が必ず行われるものではありませんし、訴えられたからといって必ず裁判所で尋問を受けるわけではありません。

また民事の裁判は、半分以上は和解で終わります。いろいろもめてはいるけれど、お互いに譲り合って、このへんで解決して裁判を終わりにしませんか、というのが和解です。１０００万円払えという裁判があった場合に、４００万円で解決にしましょう、また４００万円も毎月40万円を10回払いでよいことにしましょう、というような解決の仕方をするのが和解です。和解で終わる場合には、裁判所は判決を言い渡すこともありません。

訴えられるというのは、あくまで民事の裁判です。犯罪行為をした場合（あるいは犯罪行為をしたと疑われた場合）には、検察官から起訴をされ、刑事裁判がスタートします。刑事裁判は「公益の代表者」である検察官のみが行えるのが原則です。一般の人が訴えてやる！　というのは、刑事裁判ではありません。あくまで、民間の人同士のトラブルを解決するための場である民事裁判のことなのです。

民事裁判は体験をしたことがない人には想像がつかない世界だと思いますが、基本的には当事者の主張をまとめた書面をお互いに交わして、裁判所の判断を求めるものです。そのほとんどはお金に関するもので、最終的にはいくら払えとか、払う必要はないといった結論が出ますが、犯罪ではありませんのでドライな世界です。

ドライな世界だというのは、例えば、田中さんが鈴木さんに対して、３００万円払えという裁判を起こしたとします。３００万円を払えという根拠は、２年前に貸した３００万円をまだ返してもらっていない、返済期限を過ぎているから返してほしいというものだったとします。

この場合、裁判所で行われることは、どっちが悪いとか、どっちがいいとかそういう善悪の審査ではありません。民法という法律に規定されている金銭消費貸借契約《しょうひたいしゃく》が、田中さんと鈴木さん2人の間に、はたして成立しているかどうか、これを証拠に基づいて審査するだけです。借用書が出てくればこれが証拠になります。

田中さんが鈴木さんに2年前に300万円を貸したことが書かれた借用書が、田中さんから証拠として出てきたとしても、その300万円は半年前に銀行振込みで返しましたよ、という振込明細書が鈴木さんから出されれば、請求は棄却《ききゃく》されます。たしかに田中さんは鈴木さんに300万円を貸したけれど、半年前に全額返済をしている。よって、田中さんの請求には理由がない。これが請求棄却判決です。言葉が専門的でむずかしいかもしれませんが、訴えた田中さんの請求を退ける判決という意味です。

さて、事実としてこれと同じ状況があったとしましょう。つまり鈴木さんは2年前に田中さんからわけあって３００万円を借りましたが、半年前にきちんと３００万円を返済しました。知人同士だったため、利息の定めはなく、返済期限にきちんと返したので、元本３００万円だけ返せばよいという約束だったとします。

この場合、鈴木さんは、田中さんから裁判を起こされたとしても、返済をした証拠である振込明細書や領収書があり、それを提出すれば、裁判で負けることはありません。すでに返済済みの借金だからです。

ところが鈴木さんは訴えられたことなどなかったので、裁判のことをまったく知りませんでした。それで、田中さんから３００万円払えという民事裁判を起こされたのに、「わたしはなにも悪くないよ」と言って裁判所に出頭しませんでした。

裁判を起こされた場合、裁判所から訴状《そじょう》（副本《ふくほん》）が、訴えられた人（被告といいます）に郵送されます。これを送達《そうたつ》というのですが、この送達は裁判所から送付をした書類（訴状）を被告がたしかに受け取りましたよ、ということを確定させる手続です。具体的には、訴状が入った封筒は、郵便ポストに入れられるのではなく、特別送達といって、必ずその書類を受け取ったことを証明するサインと受領印を求められます。自分の名前を書いて、ハンコを押すのが通常です。それが証拠として裁判所に返されます。送達を証明する文書になるわけです。

鈴木さんは、なにも考えずにサインをしてハンコを押しました。裁判所からいったいなんの書類だと思って開封すると、田中さんが鈴木さんに対して300万円払えという裁判を起こしたことが書かれた書類が入っていました。ぱらぱら見たところ、300万円の借金を返済しろという訴えだということがわかりました。鈴木さんは返したのになにを言ってるんだと腹を立てました。そしてその場で書類をビリビリに破り捨てました。オレはなにも悪いことはしていない。返した借金をまた返せというのか、バカにもほどがあると憤慨しました。

鈴木さんはなにも悪くありません。返済をしたのに裁判を起こした田中さんに問題があります。勘違いで返済がされていないと思っただけかもしれませんし、仲違いがありイジワルでやったのかもしれません。

しかし理由はともかく、裁判にはルールがあります。

訴えられた人（被告）が、第1回の裁判の期日に欠席すると、訴えた人（原告）が請求したとおりの判決が言い渡される、というルールです。欠席すると、相手の主張がそのまま認められてしまうシビアなルールです。「欠席判決」と呼ばれています。

厳密にいうと、裁判所から指定された第1回の期日に事情があって出席できなかったとしても、答弁書《とうべんしょ》という書類を出していれば、欠席判決にはなりません。答弁書というのは、訴状に対する反論を書いた書面です。鈴木さんは、「300万円は借りたけれど、返済しましたよ」という答弁書を提出すればよかったのです。訴状を受領したことを認めるハンコを押したのですから、鈴木さんの不注意というしかありません。

## 5　無実なのに、調書にサインをしてしまったら

通勤ラッシュを毎日経験するサラリーマンにとって、気をつけなければいけないのが痴漢に間違われることです。

「痴漢は犯罪です」というポスターを駅の構内などでよく見かけると思います。痴漢はそのポスターに書かれているとおり犯罪です。厳密にいうと衣服の上から女性の身体を触ったりする行為は、通常はその都道府県にある条例に違反する行為になります。条例でも犯罪を定めることができます。法律ではありませんが、○○条例違反として逮捕されたり起訴されたりします。

さらに下着のなかに手を入れるなどわいせつ性が強くなると、条例違反どころではなく、刑法の犯罪になります。強制わいせつ罪という罪です。強制わいせつ罪は、刑法の第176条に定められている犯罪です。法定刑は、6カ月以上10年以下の懲役刑となります。

本書はハンコの押し方をテーマにしています。刑法の犯罪を解説する本ではありません。それにもかかわらず、痴漢について取り上げたのは、警察から取り調べられた調書《ちょうしょ》へのサインについて注意が必要だからです。

本当に痴漢をしたのであれば、罪をきちんと認め、ありのままに話をし、刑を受けるべきです。このことは言うまでもありません。問題なのは、よく新聞などでも報道されている冤罪《えんざい》の場合です。冤罪というのは、本当はなにもしていない（無実）のに、犯人だと誤解されて逮捕され、起訴《きそ》され、有罪になってしまうことです。

今の日本の裁判では、戦後に刑事訴訟法が改正され、厳格な手続が定められたため、かつてのように安易に人を疑い逮捕して、冤罪を作ってしまうという例は減りました。しかし、それでも無罪判決が報道されているのは、犯罪の捜査をする警察官や検察官のやり方次第で、無実の人間が刑事裁判にかけられる例が、いまだにあることを物語っています。

痴漢はさきほど説明したように、衣服の上から触る程度のものであれば、通常は条例違反としての犯罪ですので、刑はそれほど重くはありません。そして通勤電車のなかで痴漢だと言われて逮捕されるようなサラリーマンの方は、通常は普通に暮らしており、前科や前歴などはない人が多いですので、示談《じだん》をすれば、起訴されることなく釈放されるというケースもあります。

そこで、映画などでも問題になっていましたが、本当はやっていないのに早く留置場から出してもらうために、被害者の女性にお金を払って解決してしまうことがあります。初犯で被害者と示談もできれば、起訴されることなく、釈放されることが多いからです。この場合、犯罪歴としては逮捕歴は消えないため「前歴」が残ります。起訴されて有罪が確定すると「前科」になります。起訴されないで釈放された場合には、「前歴」が1件あるというデータが残ることになります。

裁判で争って無罪になれば、なにもしていなかったことを世間に証明することができるのに、お金を払って解決しようとするのは、無罪を争った場合に生じる多大なリスクがあるからです。ひとつは否認《ひにん》をしていれば、被害者と示談することもありませんし、捜査機関からすれば「容疑を否認するなんて素直でない。反省していない」という見方をされるため、起訴されます。起訴されたあとは保釈《ほしゃく》金を払えば、保釈といっていったん釈放してもらうことができる場合もありますが、弁護士を雇って無罪を勝ち取るべく裁判で戦わなければいけなくなります。

本来、刑事事件は「無罪推定の原則」といって、検察官がその被告人の犯罪事実をきちんと裁判で立証できないかぎり、無罪になるのが原則です。「疑わしきは罰せず」と言われている刑事裁判の大原則です。最近はこの大原則を貫いて、疑わしい部分はあるけれど合理的な疑いを差し挟まない程度までにクロだとは言えない、として無罪判決が出ることも多くなってきました。

しかし、痴漢で無罪判決を獲得するのはなかなかむずかしい側面があります。痴漢の最大の特質は、証拠がないということです。証拠は被害者の証言だけというのが通常です。なぜなら万引きなどと違って、電車のなかに防犯カメラが設置されているわけではないため、被告人が被害者の女性に痴漢をしたことを直接立証できる客観的な証拠は残っていないのがほとんどだからです。

そうすると本来は被害者である女性の証言が信用できるものかを厳密にチェックしないとならないのですが、痴漢というデリケートな犯罪について、被害者の証言を疑うというのはなかなかできることではありません。検察官も事前にきちんと準備をしますので、被害者の女性の裁判での証言がそのまま採用されることが多くなります。その結果、「わたしはやっていない」と法廷でいくら声高に叫んでも、被告人に有罪判決がおりることが多くなります。

これが刑事裁判の実情です。弁護士ががんばって無罪判決を獲得する例もありますが、それほどたやすいことではありません。さて、なぜこういった話をしてきたかというと、あなたが痴漢をしていないにもかかわらず、痴漢だと間違われて被害者に手を握られて警察に通報された場合、あなたは警察官から取調べを受けることになります。この取調べの際に、「安易にハンコを押さない」「なにも考えずにサインをしない」という姿勢をみせないと、とんでもないことが起きるからです。

警察官が取調べをするのは、事情を聴取して真実を探求するという目的もありますが、実際には目の前にいる被疑者（容疑者）を裁判で有罪にするためにも、きちんと証拠をとっておくことに全力を傾けています。その証拠というのは、警察官面前《めんぜん》調書（調書）と呼ばれるものです。痴漢に限らず、交通事故を起こしたような場合にも、調書をとられます。調書をとられるというのは、事情聴取（取調べ）を受けたあとで、警察官があなたから聞き取った話をストーリー仕立てにして文章を作成し、それにあなたが署名押印をすることです。逮捕された被疑者（容疑者）の場合は、印鑑をもっていることは少ないので、指印といって指に朱肉をつけさせられ、指紋を押すことになります。

この調書で安易に「サインをしない」、「ハンコを押さない」、「指印を押さない」、ということがたいへん重要になってきます。多くの方は、痴漢に限らず、自分が実際に体験していない警察官が作文した事実に、「はい、はい」とサインをして帰ってきます。その結果、あとで裁判で争おうとしても、「でも、あなたはこの調書にサインをしていますよね」と言われてしまうことになります。しょせん警察官が作文したものだから、証拠にならないでしょう、と思われるかもしれませんが、裁判ではそうはいきません。その調書にサインをした人が、そこに記載されている事実を否認した場合には、法廷で直接尋問が行われることになります。しかし、自分に不利な事実を認めたくないというのが人情ですので、１度認めたことをあとから覆《くつがえ》しても、なかなか信じてもらえません。これが裁判の実情なのです。

したがって、注意すべきはどんなに取調べが執拗《しつよう》で、早くその場から逃げたかったのだとしても、自分がやっていないことが調書に書かれているかぎりは、絶対にサインをしないことです。読み聞かせといって、サインをさせられる前に、必ず警察官から調書の内容を読んで聞かされます。それをきちんと聞いて、「ここは違うぞ」というのがあったら、ここは違いますと指摘をして、正しい内容に修正をしてもらうことです。警察は怖いからなどといって、だいたいそんなことでいいだろうなどと思って指印を押してしまったらアウトです。ここでもハンコの知識が必要です。

## 6 税務調査を受けるときも、サインには要注意

警察から取調べを受けるなんてことはわたしにはないですよ、という人でも、税務署から聴取を受ける可能性はあると思います。

自営業の方ならば、税務調査を受けることがあると思います。サラリーマンの方でも、給与所得以外に大きな所得がある方であれば、確定申告をする必要がありますので、税務調査を受ける可能性があります。実際にサラリーマンの方でも、勤め先やその親会社などからストック・オプションをもらって利益を得た方などは、税務調査を受けることがあります。

自営業の方でなくても、企業の法務部や経理部、財務部、税務部などの部署に配属

されている方は、勤め先の企業が法人税の税務調査を受けることがあるはずです。法人の税務調査といっても、法人という人は存在しているわけではありませんから、実際に税務署職員から聴取を受けるのは、その法人に勤めている役員さんや従業員さんになります。あなたが自営業でなく、会社からの給与以外に収入がないとしても、会社の従業員として、税務調査を受け、聴取を受ける可能性はあると思います。

こうした税務調査でも必ず行われるのが、聴取した内容を調書にまとめられ、それにサインを求められることです。聴取書であるとか答述書などと呼ばれるものですが、名称は問いません。税務署職員から質問を受け、答えた内容を書面のかたちでまとめられる場合に、この問題が出てきます。

税務調査というのは脱税の調査をしているわけではありません。税務調査というとそれだけで脱税の疑いをかけられているのかと心配される方もいますが、そうではありません。脱税というのは、さきほどの痴漢などと同じで犯罪です。所得があったのにこれを不正に隠したり、ありもしない架空の取引などを作りあげて税金から不当に逃れるような行為をしている場合が脱税です。新聞記事などでは、個人であれば「所得税法違反」、法人であれば「法人税法違反」といった見だしが出ている記事がそれです。こうした脱税事件（犯罪行為）の疑いをかけられた場合には、国税局の査察部が強制捜査に入ります。いわゆる令状を取ったうえでの強制捜査です。

これに対して税務調査というのは、自営業の方や、個人でも給与以外に所得がある方、遺産相続をした方、あるいは法人などに対して、申告や納付すべき税金が正しくなされているかをチェックする調査です。脱税事件が刑事事件であり強制捜査が行われるのに対して、税務調査はあくまで任意の調査です。調査をする税務署（法人の場合には国税局の場合もあります）の職員が、「～について教えてください」、「～の資料を見せてください」と協力を要請してきたことに対して、協力をして差し上げるというのが、通常の税務調査です。

ここで税務署職員（国税局職員）がもっている権限は、あくまで任意に質問検査をする権限です。強制力はもっていませんので、回答する必要がない事項について、なんでもかんでも回答する義務はありませんし、資料がなければないと答えればよいものです。

ただし実際には税務署というと非常に怖いというイメージがあるのか、聞かれたことについてすべて回答をしなければならないと思っている方が多いようです。実際、税務署から聞かれたらなんでも答えてしまう、求められたらどんな資料でもすべて出してしまうという方が多いようです。

税務調査の受け方は本書のテーマではありませんので、ここではしょりますが、問題なのは聴取内容へのサインです。わたしは税務に関する法律問題を専門にしているので、こうした税務調査のあとになされた追徴課税（更正《こうせい》処分など）の取消しを求めて争う裁判などをしています。税務訴訟（あるいは租税訴訟）と呼ばれる行政訴訟です。こうした訴訟をする場合に、税務調査の段階でとられた調書がネックになる場合があります。税務署職員は自分たちに有利なように作文をします。これは刑事事件の警察官と同じです。そして、読み聞かせをしたうえでサインをしてくださいと言います。これも刑事事件の調書と同じです。

対応も同じように考える必要があります。つまり、自分が知らないことや体験していないことが書かれていたら、「それは知りません」、「それは間違いです」ときちんと指摘をして修正を求めることが必要になります。

そしてそこに書かれた内容すべてについて、たしかにそのとおりであると自信をもって言える状態になって、初めてサインをする（ハンコを押す）ことです。サインをしてしまうと（ハンコを押してしまうと）、自分で書いた文章でないにもかかわらず、裁判で争っても、あなたはサインしている（ハンコを押している）でしょうと言われてしまいます。裁判でも覆すことはなかなかむずかしくなってきます。そのようなことがないように、サインをするとき、ハンコを押すときには本当に慎重になってください。

自営業の方はその事業で使えるキャッシュに大きな影響を及ぼしますし、個人で給与以外の収入があった方は、あとから大きな追徴（納税）の問題が出て苦しめられる危険があります。また法人の税務調査を受けた担当者は、会社に巨額の追徴課税を容認する証拠を与えてしまうリスクもあります。注意すべきは警察の調書の場合と同じです。

# 第1章

# 知っておきたいハンコの基礎知識

# 1 ハンコの種類

ハンコといっても、用途や用法によっていろいろな意味をもってきます。同じハンコを押す場合でも、押す文書、押す場所によって、ハンコの意味は異なります。

こうしたハンコの用途や用法による種類の違いは、「〜印」という言葉を使って説明することができます。(1)契印《けいいん》、(2)割印《わりいん》、(3)訂正印《ていせいいん》、(4)捨印《すていん》、(5)銀行印というのがそれです。

また、印鑑そのものの性質から名前があるものもあります。(6)認印《みとめいん》、(7)実印《じついん》、(8)会社印、(9)代表印、(10)役職印、(11)ゴム印、(12)職印《しょくいん》といったものがそれです。

こうした印鑑の種類は、大人になるとあちらこちらで耳にする言葉ですが、要するに印鑑(ハンコ)のことだろう、とひとくくりに考え、その意味を深く考えたことはない方もいるかもしれません。ハンコの知識というものは、意外とおろそかになりがちな分野だと思います。

以下では、こうした印鑑の種類について話します。

## (1) 契印

契印というのは、契約書が2枚以上のページからできている場合に押すハンコのことです。ケイインと読みます。契約書が1枚の場合には必要ありませんが、2枚以上になった場合には、全体を通して1通の契約書であることを確定しておくために押します。当事者のハンコ（契印）が、複数ページに及んでいることを示すことで、あとからページをつけたされた、改ざんされたといった主張を封じる効果があります。

契印は、ページのつなぎ目の部分に当事者のハンコをそれぞれ押していく場合と、製本をして契約書全体をつつんだ背の部分の境に、ハンコを押していく場合の2つがあります。

## (2) 割印

割印は契約書を2通以上作成した場合に押すハンコのことです。ワリインと読みます。契印は、1通の契約書のページが複数ある場合に押すものでした。これに対して割印は、契約書そのものが複数ある場合に押すものです。

契約書を2通以上作ることは、実際にあります。契約当事者それぞれが、正式な契約書をもてるようにするためです。その場合、契約書の末尾に契約書を2通作成したことを記しておきます。そして、2通の契約書を重ねて半分ずつハンコが見えるように割印を押しておくと、正式な契約書であるかどうかが判別できるようになります。契約書を重ねあわせたときに、ハンコがつながっていない場合には、正式なものではなく、あとから作られたものだとわかるからです。

### (3) 訂正印

訂正印は、できるかぎり押さないように契約書を作成すべきです。しかし、どうしても誤字や脱字などの間違いがあとから見つかることがあります。訂正印を押すのは、契約書に調印したあと（ハンコを押したあと）に、内容を改ざんされる危険を防ぐためです。通常はワープロ文字で印字されている契約書のなかで、間違いがあった部分に二重線を引き、その上に正しい記載をしたうえで、下にハンコを押します。これが訂正印です。契約書の上の余白部分に、「3字削除　1字加入」といった記載をしそこに訂正印を押す方法もあります。

訂正印が押されていると、当事者が納得したうえで訂正したものと、だれかが勝手に書き加えたものとの区別が明瞭になります。逆にいうと、修正した部分には必ず訂正印を押すことを忘れないようにする必要があります。

## (4) 捨印

捨印というのは、言葉としては聞いたことがあると思います。ステインと読みます。「こちらに捨印を押してください」と言われ、ハイわかりました、とハンコを押したことがあるかもしれません。このハンコの意味は、あとから間違いがあれば、相手が勝手に訂正してよいという意味です。その文書に書かれた内容をあとから変えることについて、包括的に承諾をしたという意味です。

捨印は、文書の上の余白部分に押します。相手が自由に書き直してよいというものですから、捨印は安易に押さないように気をつけてください。

もっとも、捨印が必要になり、求められるのは、住所の記載や表示など、形式的なことで細かい訂正が必要になる可能性がある書面の場合がほとんどです。相手を信頼できる場合で、こうした形式的な事柄の訂正が必要になるような書類については、捨印があったほうが迅速な対応をしてもらえます。その都度、だいじょうぶかどうかを判断することが大切です。

## (5) 銀行印

銀行印というのは、銀行口座を開設した際に、銀行に届出をしたハンコのことです。日常的な金額であれば、ＡＴＭでハンコなしで預金をおろせるのが今日ですが、もともとは届出印が重要でした。届出印は悪用される危険があるため、大切に保管する必要があります。

## （６）認印

認印は、いわゆるハンコの典型です。ミトメインと読みます。個人がもっているハンコで、実印として印鑑登録をしていないものが認印です。「田中」「鈴木」などと名字が書かれた、文房具屋さんなどでだれでも買える（作ってもらえる）あのハンコのことです。何本でも自由にもてるので、三文判《さんもんばん》と呼ばれることもあります。

スタンプ印（シャチハタなど）との違いは、朱肉が必要な点です。スタンプ印はインクがハンコ本体に入っているため、朱肉がなくても押せますが、認印は朱肉に押して初めて刻印できるものです。

スタンプ印も認印としての効果がありますが、難点は印字されたものがうっすらとしていることです。朱肉を使った認印と違い、年月がたつとうすくなってしまうおそれがあります。そのため契約書など重要なものでは、スタンプ印は不可です、と言われることが多いです。

ただし、消えないかぎり、ハンコとしての効果は認印と変わりません。

### (7) 実印

実印は、印鑑登録をしたものです。ジッインと読みます。個人の場合には市区町村、法人の場合には法務局に登録をします。個人の場合には1本しか持つことができません。登録されている点が、認印との違いです。

### (8) 会社印

会社印は、会社名が書かれたハンコのことです。角印《かくいん》と呼ばれることもあります。請求書や見積書などで使うことが多いものです。

### (9) 代表印

代表印は、会社が契約を締結する際などに使うものです。会社のような法人の場合、個人と違って法人そのものが活動することはできません。法人は目に見えないフィクションだからです。そこで実際には法人の代表権をもった人（代表取締役など）が、契約書にハンコを押すことになります。法人名を記名して、その下に「代表取締役〇〇〇〇」と代表権限のある人の名前を記入します。この隣に押すハンコが代表印です。丸印と呼ばれることもあります。

## (10) 役職印

役職印は、会社のなかで役職にある人の役職名が示されたハンコです。社内の文書などで使われることがあります。「〇〇部長之印」といったものです。

## (11) ゴム印

ゴム印は、会社などの組織のなかで、発送する書類などによく押すハンコのことです。よく押す内容なので、あらかじめハンコにしておくものです。いろいろなものがありますが、会社名と住所、電話番号が書かれたものや、「請求書在中」といったものがあります。

### (12) 職印《しょくいん》

職印は、弁護士など資格をもつ職業の人が、その資格をもつことを示したうえで押すハンコのことです。「弁護士山田海男之印」といったものです。

## 2 実印と認印の違いは？

小学生のころ、夏になると体育の授業でプールに入りませんでしたか。水泳の授業があるときには、朝の体温を測り、入ってよいという保護者のハンコが必要だったと思います。わたしが通っていた小学校では水泳カードというものがあり、水泳の授業があるときは必ず朝自分の体温を測り、それを記録させられました。そして親にハンコを押してもらい、それを担任の先生に提出しました。この水泳カードがあって初めて体育の授業でプールに入ることができました。

これは、プールでは事故が起こり得るため、児童の体調を把握した保護者がプールに入ることを許可した場合でなければ、プールには入らせないという方法でした（ちなみに、うちの母は「ひろつぐ、自分で押しておいてよ」という人だったので、水泳カードとの出会いがわたしのハンコデビューでした）。

この水泳カードに押すハンコが、認印と呼ばれるものです。認めたことを証する印なので、ミトメインと読みます。「木山」とすぐに読める字で苗字が刻印されている、いわゆるハンコと呼ばれるものです。三文判とも呼ばれています。サンモンバンと読みます。

認印はハンコ屋さんや文房具屋さんなどのお店に行けば、だれでも買うことができます。あなたの名字が佐藤さんだとしても、「鈴木」という認印を買うのは自由です。逆にいうと、それだけだれでもすぐに手に入れることができるハンコです。ひとりで2つも3つも持っている方もいます（あなたはいくつ持っていますか？）。このように認印はだれでもすぐに買うことができ、複数もつこともできるため、自由度が高く、悪用のおそれもあります。他人があなたの名字のハンコを買って、勝手にあなたの名前で契約書を作ってしまうということができてしまうからです。

もちろん、これは私文書偽造罪という犯罪になります。絶対にしてはいけないことです。しかし世の中には悪い人もいます。こういう偽造の危険があるのが、認印で す。そこで契約書には、サインもさせたうえで認印も押させるものが主流になってい ます。

これに対して、同じハンコでも、実印と呼ばれるものがあります。ジツインという くらいだから、重要なハンコなのだろう、というイメージがあるかもしれません。実 印は、認印のマイナス面を補強するためにできたハンコです。認印の場合は、自由度 が高いため、他人が勝手にその人の名字の認印を買い（あるいは作り）、その人にな りすまして契約をしてしまうリスクがあります。

これは認印が基本的には唯一無二のものになっていないことから生じるリスクで す。佐藤さんが、「佐藤」というハンコを3つも4つももっている。契約書に押すと きにどれを押してもいいわけですし、新たな5つ目を買って押してもいいわけです。 これが、認印にある高い自由度です。しかしこれでは、他人が「佐藤」というハンコ を勝手に作り、佐藤さんが知らない契約書に、佐藤さんの氏名・住所を記入し、その ハンコ（認印）を押してしまう（偽造してしまう）ということが、物理的にはできてしまいます（法律的には偽造であり犯罪ですが）。

そこであるのが実印です。実印は、公的に印鑑登録をしたものです。個人の場合は市区町村、法人の場合には法務局に印鑑登録をします。その人にとっての実印は唯一無二のものです。登録されているものは、ひとつしかないからです。このように、実印は公的に印鑑登録がされたひとつだけのハンコになるため、偽造がされにくくなるというメリットがあります。ただし、逆にいうと、実印が押してあれば本人が押したものだという推定が強く働きますので、他人に使われることがないように、管理・保管を厳格にする必要が出てきます。

こういう意味で、認印と実印には違いがあります。ただし、契約書の効力としては、実印でも認印でも同じです。本当にその人が押したかどうかが争点になったときに、証明力の強弱に、事実上、差が出てくるというものに過ぎません。

## 3 印鑑登録証明の意味

実印と認印の違いについては、すでに話しました。ハンコという意味では、その人が内容を確認しましたよ、という効果が発生します。契約書などの文書に押す場合、実印でも認印でも、契約書にハンコを押したことの意味に違いはありません。実印でないと契約が成立しないとか、認印では契約書の効果がうすいとか、そういうことはありません。ただし、認印は三文判とも言われるように、自由度が高く、ひとりの人が何本でも持つことができるため、他人に勝手に使われる偽造のリスクがあるのだという話をしました。

これに対して、実印は、個人の場合には、市区町村に登録をする必要があり、その人の実印は1本しか存在しません。そのため、その1本を他人に使われないように管理しているかぎりは、偽造されるリスクを下げることができます。逆にいうと、相手からすれば、実印を押してもらえれば、その人が他人であり、あとから偽造だったと言われるリスクを減らすことができます。安全に契約を締結するためには、相手に実印を求めたほうがよいということになります（もっとも、個人の場合は、不動産の売買など大きなお金が動くような契約でないかぎり、実印まで求められないこともあります。個人の場合で実印を使うのは、マンションを購入する場合や、遺産分割協議書を作成するような場合、法人から連帯保証を求められる場合などが挙げられます）。

さて、では実印を押してくださいと相手に求めたときに「実印です」と言われて、あなたはそれが本当に実印かどうかを判別できるでしょうか。もし判別できないのであれば、「実印ですよ、これ」と相手が言えば、「そうですか、ありがとうございます」ということで、本当は実印でないのに、相手にだまされて実印もどきのハンコを押してしまうという事態が起きてしまいます。これでは、三文判と呼ばれ何本でも持つことができる認印とは別に、あえて実印という制度を設けたことの意味がなくなってしまいます。

そこで登場するのが印鑑登録証明というものです。これは、そのハンコの印影（紙に押されたハンコの刻印）が登録された実印であることを証明する文書です。「この写しは登録された印影と相違ないことを証明します」といった認証文が書かれた公的な証明書です。

個人の場合には市区町村に登録します。市区町村に申請することで印鑑登録証明書を入手することができます。法人の場合には法務局に登録します。法務局に申請することで印鑑証明書を入手することができます。

実印に関する手続（印鑑登録をする手続や印鑑登録証明書の発行を申請する手続など）は、地方公共団体（都道府県）の条例や規則などで制定されています。個人の場合には、住民登録をしている市区町村で登録をすることになります。印鑑登録をすると、実印として登録したことを証明する印鑑登録証（印鑑登録カード）を発行してもらえます。

## 4 ハンコとサインの違いは？

ハンコにはいろいろな種類があります。そのことはすでにお話をしました。では、ハンコを押すことと、サインをすることでは、違いがあるのでしょうか。クレジットカードなどを利用するときに、「サインをお願いします」と言われることがあると思います。暗証番号を入力すればよい場合もあります。しかし、あなたがクレジットカードを利用して物を買うとき、「ハンコを押してください」と求められることはないでしょう。サインをするか、暗証番号を入力するか、そのどちらかだと思います。

このサインや暗証番号の入力はなにを意味しているのでしょうか。これは本人であることの確認を意味しています。クレジットカードは、銀行に預金されているお金を使って、後払いで商品を購入できるスグレものです。しかし、その便利さは危険ももちあわせています。盗まれたり紛失したものを拾われたりしたときに、あなたのクレジットカードを悪用する人が出てくることです。もし、サインや暗証番号の入力がなくてもクレジットカードで物を買えるとすれば、他人が勝手にあなたのクレジットカードを使って買い物をすることができてしまいます。お店の店員は、そのカードの持ち主がクレジットカードを提出したお客さんかどうかがわからないからです。

本人確認をする方法としては、運転免許証やパスポートなどの身分証明書を提示するという方法があります。しかし、クレジットカードを利用するときに、「身分証明書を見せていただけますか」とは言われません。それはいちいちそんなことをしていたら、お店が混雑してしまい、スムーズに会計ができなくなってしまうからです。そこで考え出されたのが、サインと暗証番号の入力です。暗証番号については、番号を知られてしまうとアウトですから他人には教えないことで防止をします。これに対して、サインはクレジットカードにも記入された筆跡があります。クレジットカードを利用するときにサインを求められるのは、本人確認のためなのです。

もちろん、実際に購入した商品と代金が間違っていないかの確認も求められています。クレジットカードの持ち主が、たしかに、○○と△△の商品を●●円で購入しましたよ、支払いは1回払いですよ、という説明を聞いたうえで、これを確認したもの。これがクレジットカードを利用する場合のサインの意味です。

わかりやすい例なのでクレジットカードの話をしましたが、契約書などにサインをする場合も、まったく同じです。その契約書に書かれている内容を、契約書に書かれている当事者の○○さんが確認しましたよ、認めましたよ、という意味です。これでもうおわかりだと思いますが、サインもハンコも意味としては同じです。ハンコでなくても、サインをすれば基本的には、ハンコを押したのと同じ効力が発生します。なぜなら、ハンコを押すということは、そこに書かれている内容を、その人が確認したことを意味するもので、サインとまったく同じだからです。したがって、認印がない場合は、サインをしてもらえれば、それで効力は発生します。

ただし重要な契約や、高額なお金が動く契約などでは、印鑑登録をしている実印を押させる場合もあります。効力は認印でもサインでも実印でも変わりはありません。しかし、他人がなりすましてハンコを押したり、偽造をしたりすることを防ぐためには、実印は認印より強い意味をもちます。実印は登録されたものはひとつしかないため、本人が大事に保管しているかぎり、他人が勝手に押すことはできないからです。

いずれにしても、サインはハンコと同じ意味をもちます。ハンコを押したわけじゃないから、だいじょうぶでしょう、あとで撤回できるでしょう、などと思って安易にサインをしてはいけません。サインを求められたときは、ハンコを押してくださいと言われているのと同じだと思うことです。

## 5　スタンプ印（シャチハタなど）の効力は？

スタンプ印（シャチハタなど）と呼ばれるハンコがあります。普通のハンコは、朱肉をつけて初めて赤色の印を押すことができます。スタンプ印の場合は、スタンプ形式になっているので朱肉は不要です。そのままポンポン押すだけで、スタンプが印字されます。スタンプ印が便利なのは、朱肉がなくてもその場ですぐにハンコを押すことができる点です。押されたものは、「高野」というような赤色の印字がなされる点で、朱肉が必要な認印と大きな差異はありません。ハンコを押した跡である印影については、パッとみたかぎりではそれほど大きな違いはありません。

といっても、スタンプ印を見たことがある人はわかると思いますが、通常の認印を朱肉で押した場合と、スタンプ印でポンとスタンプした場合とでは、紙にうつる印影の色の濃度が違います。スタンプ印の場合は、濃い朱肉を使っているわけではないため、うっすらとした印影になりがちです。このうっすら感が、スタンプ印を使うことがＮＧとされる場合の原因になってきます。

さて、スタンプ印も立派なハンコです。朱肉を使わずに、ポンポンとスタンプを押すようにハンコを押すことができるので便利です。便利だからこそ存在しており、実際に買う人がいます。では、なぜ「スタンプ印ではダメです」と言われる場合があるのでしょうか。正式な契約書などにハンコを押す場合には、「スタンプ印は不可です。認印を押してください」と言われる場合があります。スタンプ印では、契約の効力が生じないのでしょうか。そうだとしたら、スタンプ印なんて意味がないじゃないか、と思われるかもしれません。

結論からいうと、スタンプ印でもハンコを押したことに変わりありませんので、契約書の効力が生じないということはありません。契約というのは、当事者間で特定の事柄について意思が合致することで成立するものです。そしてその意思の合致があったことを確認し、証拠として残すために作成するものです。

したがって、スタンプ印でも、契約の当事者本人が押したのであれば、そこに意思表示があったことをくみとることができるので、契約の効果をさまたげることにはなりません。にもかかわらず、スタンプ印がダメだと言われることがあるのは、さきほどのうっすら感にあります。

契約書というのは、当事者間で契約が成立したことを証拠として残すことに意味があります。そこに書かれた内容が実行されるまで、ずっともっておく必要があります。いざとなったら、裁判所に提出する証拠として使うものです。それが5年、10年後だった場合に、スタンプ印だとうっすらの印影が消えてしまうおそれがあります。ハンコが押してあったはずなのだけれど……と言われても、あとの祭りです。裁判のときに提出された契約書では印影がもう見えず、真っ白になっていたとなれば、証拠価値が下がってしまいます。

相手がそんな契約書にハンコを押していないと争っている場合、たしかにハンコは押されていませんね、と言われてしまいます。もっとも、こういうことがないように、署名（本人の自筆のサイン）まで書いてもらうことが重要です。最低限、ハンコが押されていなくても、本人のサイン（署名）があれば契約書の効力が発生します。スタンプ印で押したハンコが消えて見えなくなっていたとしても、署名した文字が残っていれば問題ありません。ただし、ハンコは押してなかったようですね、と言われてしまいます。

スタンプ印がNGとされる場合があるのは、このようなことからです。将来的に押したものが消えてしまうリスクを避けるために、永年にわたって赤い印影が残る朱肉を使った認印が重宝されるのです。

## 6 指印でもハンコと同じ効果があるのか？

刑事事件では、逮捕されて警察署に勾留《こうりゅう》されている被疑者（容疑者）が警察官から取り調べられた際に、調書《ちょうしょ》をとられます。取調べの内容を警察官が文章にして書いたものを、被疑者（容疑者）に読み聞かせたうえで、「間違いありません」という意思の確認をとります。

被疑者（容疑者）は、そこに書かれている内容に間違いがある場合には、訂正してもらうよう求めることができます。内容に間違いがない場合には、意思の確認として指印を押すのが通常です。指印というのは、文字通り、指に朱肉を押して指紋を紙に押すことです。警察官が作成する調書や、検察官が作成する調書で被疑者（容疑者）のサインのほとんどは、この指印です。なぜなら、逮捕されて身柄を拘束されている被疑者（容疑者）は、ハンコを持参していないことがほとんどだからです。

指をハンコ代わりにするので、指が朱肉で真っ赤になりますが、取調べをした警察官や検察官から、ティッシュペーパーを渡され、指を拭くよう言われます。自分の指に朱肉をつけて、指紋を残す（指印を押す）ことは、あまり気分のいいものではないと思います。それは、ハンコを押す場合には、あくまで市販されているハンコをぺたんと押すだけなのに対して、指印の場合は、唯一無二と思われる自らの身体を使って証拠を残すことになるからでしょう。

あなたが鈴木さんだとして、「鈴木」というハンコが押されているだけでは、あなたが押したものと言うことはできません。「鈴木」というハンコは市販されており、だれでも購入すれば押すことができるからです。

これに対して、あなたの右の人差指に朱肉をつけて、紙に押しつけた場合（指印を押した場合）には、わたしは知りませんと言うことは困難です。もちろん、強制的に押させられたという可能性はありますが、少なくともまったく知らないという言い訳をすることは困難になります。指紋を調べれば、あなたの指紋だとわかってしまうからです。

このように刑事事件の調書で指印が使われているのは、逮捕された被疑者（容疑者）はハンコを持っていないからということと同時に、あとでそんな調書にサインをした覚えはないとしらを切られることを防止するためでもあります。このことからもわかるように、指印はハンコと同じ効力を持ちます。そればかりか、ハンコ以上にその人が押したことを強く裏付ける証拠になります。

契約書など一般の文書で指印を押すことは少ないと思いますが、その場でハンコを押してもらう緊急性が高く、その人がハンコを持参していない場合には指印をとれば代用できます。

相手がなにか悪いことをした場合で、そのことをあなたの前でようやく白状したとします。録音はしてなかったとして、その証拠を残しておきたいときに便利なのは指印です。相手に「いやあ、悪いけど今ハンコを持っていないんですよ」と言われても、「そうですか。じゃあまた今度」などと言ったら、それっきりで逃げられてしまうかもしれません。そういうときは、「じゃあ指印をお願いできますか」と言って、白状した事実を記載した文書に名前を書いてもらい、その隣に指印を押してもらえば証拠になります。そこに記載された事実をたしかにその人が認めた、という証拠になるからです。

## 7 外国の契約ではサインでよい？

本書は日本国内で契約を締結する場合を念頭においているため、ハンコの押し方をメインにしています。しかし、契約書にハンコを押すというのは、日本の慣習です。欧米諸国にはハンコを押す習慣がもともとありません。欧米ではサインをすることがその人の意思表示を書面化するための手段だと考えられています。もとより契約書にハンコを押すという習慣がありません。

もちろん、日本の場合でもすでにお話ししたとおり、署名（サイン）でも有効な意思表示の証拠になります。ハンコを押していなくても自筆の署名（サイン）があれば本当はよいのです。ただ、サインだけで済ますという風習がないため、日本人はサインだけの契約書を好まず、ハンコも押してもらうことを心がけます。

これに対して、欧米ではもともとハンコを押す習慣がありませんので、サインだけで契約書の効力が発生するのはあたりまえのことなのです。日本の契約の場合には、サインだけだとなんでハンコは押してないのだろう？ という邪推をされるおそれもありますが、欧米の契約書ではハンコが登場することはまずありません。

これは日本企業が海外の企業と、国外で契約を締結する場合も同様です。英文の契約書を見ると、日本企業と外国企業が当事者になっている場合、双方ともにハンコは押さず、サインのみになっています。

海外に限らず、日本国内でも外国人が契約を締結する場合もあります。この場合、例えば、トムさんが「トム」というハンコを作ってもっているということはあまりありません。印鑑を販売しているお店を見ても、普通は日本人の苗字のものしか置いてありません。外国人の場合は、その国の慣習上、サインで済ますお国柄であることがほとんどだと思います。その場合、日本で日本人と契約を締結するとしても、外国人がサインだけなのは仕方ありません。もとより、日本でもサインは自署であれば、署名として効果が生じるものですから、問題はありません。

もちろん、「トム」とカタカナで表記されたハンコを作ってもらい、それを押してもらうという方法もあります。しかし、もともとハンコを持たない外国人が、無理にハンコを作ったとしても、なんとなく違和感が漂います。契約書にハンコを押すことの1番の意味は、その人が契約をしたという「本人確認」にあります。あとから、いやそんな契約知らないよ、そんな契約書にサインをした覚えはない、などと言わせないために、サインをしてもらいハンコも押してもらうのです。日本人の場合は大人になれば自分のハンコ（認印）は持っているのが普通ですので、そのハンコが押されていることで、本人が押したことの推定が働きます。

しかし、外国人の場合には、その契約のときだけにわかにハンコを作ってもらっても、もともと持っていたものでなければ、大きな意味は期待できません。ハンコを作ることは、認印であれば業者に頼めば、その人でなくてもできるので（そもそも市販されているものであればだれでも購入できます）、いくらでも偽造しようと思えばできてしまうからです。

## 8 公正証書ってなに？

ハンコを押す契約書。契約は原則として口約束でも成立します（連帯保証契約のように例外的に書面が必要なものもあります）。ただ、口頭で合意をした場合には、証拠が残りません。そこで書面にハンコを押すのです。契約が成立したことを証明するもの、それが契約書です。トラブルになったときには、裁判を使う方法がありますが、裁判で主張を認めてもらうためには、文書で残った証拠が必要です。

契約書というタイトルでなくても、相手が認めたことが記載されている文書を残すことが重要になります。契約書は一般にあらかじめ決めておくべきことを、ある程度詳細に書いておきます。それに当事者のサインとハンコがあれば（サインだけでもよいですが）、裁判でも通用する重要な証拠になります（もちろん、内容がきちんと整っていることが必要です）。

もっとも、契約書にハンコが押されたとしても、完ぺきではありません。これまでも話してきましたが、偽造のおそれがあるからです。認印だと、当事者だと思っていた相手が、実は本人ではなく、第三者がその人の苗字のハンコを作って本人になりすましてハンコを押していた、という事態に直面することもあり得ます。そこで実印を押してもらう方法がありますが、実印といえども人の手に渡らない可能性はゼロではありません。

そこでより完ぺきな証拠を残そうとした場合、公的な機関を利用して契約書などの文書を作るという方法があります。これが公正証書と言われているものです。公証人役場に行き、公証人の立会いのもと、当事者が列席して本人確認もしたうえで、契約書を作成することができます（公正証書遺言という言葉があるように、遺言なども作ることができます）。

第三者が立ち会うこと、かつ、第三者が公的な立場で文書を作ってくれること、この点に大きな意味があります。公証人は、法務大臣によって任命されます。多くは元裁判官であったり、元検察官であったりと、法律実務のプロのなかから任命されています。

もっとも、公正証書であっても、裁判で無効になることもなくはありません。本人に意思能力が実はなかったとか、本人になりすました人がいたとか、特殊な事情が介在する余地をゼロにすることはできないからです。ただし、当事者同士で作成する契約書よりは、はるかに証明度が高くなります。これが公正証書です。

といっても、こうしたことは、当事者性などに問題があり、契約が無効になってしまうリスクを下げるという意味での違いです。こうした点に問題がない契約であれば、契約の効力そのものには違いはありません。サインだけでもよく、認印でもよく、公正証書でなくてもよいのです。大事なことは、その本人が自分の意思に基づいて書面の内容を確認した（合意した）ことが文書に残っているかです。

ただし、公正証書には、当事者同士で作った契約書以上の効力もあります。ひとつは確定日付けです。そこに記載された日付けに、その公正証書が作成されたという公証力が認められます。また、公正証書には執行力があります。通常の契約書の場合には、相手が支払わない場合、まず裁判をして判決をもらう必要があります。

しかし、公正証書の場合には、裁判を経ない強制執行をできるものがあります。すべてできるわけではありませんが、一定の要件を満たしている場合には、裁判で判決をもらわなくても強制執行をすることができます。このように強制執行をできる根拠を債務名義といいます。公正証書は一定の要件を満たしていれば、債務名義になります（細かいですので、その要件はここでは省略します）。

このように通常の契約書より強い効力が認められる公正証書ですが、通常の取引の場合は公正証書までは作らず、当事者同士で契約書を作成してハンコを押すものが多いのが実情です。これに対して遺言の場合は、公正証書も多く使われています。遺言は公正証書でなくてもよいのですが、法律的な効力が発生するためには、多くの要件があります。これを満たしているかどうかは、普通の人にはなかなかわかりません。そこで、公証人役場で、公証人にチェックをしてもらった公正証書遺言を作る人が多いのです。

# 第2章
# 本当は怖いハンコのひと押し

## 1 連帯保証人のハンコひとつで破産をしたA子さん

A子さんは事業をやっていた次郎さんと結婚し、次郎さんの事業の手伝いもしていました。事業をやるためには資金が必要です。しかも大きなお金が必要になります。店舗や設備の費用だけでなく、雇っている従業員への給料も必要になります。こうした固定費のほか新たに事業を拡大するために、資金を投入する必要がありました。

そこで、銀行や信用金庫から事業を営んでいる株式会社が借入れをする際に、代表者である次郎さん個人も連帯保証人になりました。万一会社が倒産した場合でも融資をした銀行や信用金庫としては、債権回収を図るために代表者である個人に連帯保証をしてもらうケースはよくあります。

奥さんであるA子さんは、次郎さんの会社の役員になっていました。といっても実際には名前だけで個人事業の手伝いをしていた程度でしたが、人数が必要だということで取締役になっていました。商業登記に取締役として登録されていました。こうしたことも、会社といっても実際は個人事業の場合にはよくあることです。家族や親戚が取締役で占められていることは零細企業では多いです。

銀行や信用金庫は次郎さんの会社に融資をする際に、次郎さんだけでなくもうひとり連帯保証人をつけることを求めました。それで名義上、会社の役員にもなっており、次郎さんの奥さんでもあるA子さんは、連帯保証人になってほしいと次郎さんから頼まれました。

「保証人だよ、ここに名前を書いてハンコを押してくれればいいんだ。会社はきちんとしているし、おまえにはなにも迷惑をかけない。おまえの名前があれば1500万円の融資を受けられるんだ。会社のために協力してもらえないか」ということで、紙を渡され半ば強引に協力を求められたというのが実際です。A子さんは結婚して間もないころで、まだ20代でした。連帯保証がどんなものなのかもよくわからずに、「ええ、いいわ」とサインをしてハンコを押しました。それがどんなに大きな意味をもつかも知らずに……です。

いっけん順調に進んでいるようにみえた次郎さんの会社でしたが、新しい事業に手を広げすぎ、多くの従業員を雇いだしてから資金繰りがつかなくなってきました。同時に仕事の忙しさから奥さんであるA子さんの気持ちをまったく無視した行動が続き、家にも帰らず、たまに帰ってきても寝てばかりで会話もないという時間が続きました。

そんなときに学生時代にあこがれていた先輩に街で偶然再会したA子さんは、大企業に勤めているというその先輩とお茶をしたり、メールをしたり、電話をしたりするようになりました。A子さんの気持ちは完全に先輩に移ってしまいました。そんなことに気づくこともなく、仕事に追い立てられていた次郎さんも、ストレスから外で知りあった女性ができ、2人は離婚することになりました。

と、ここまではよくある夫婦のすれ違い、男女間のすれ違いです。すれ違いではありますが、夫婦ともに別のパートナーができたので、離婚そのものはなにももめることなくスムーズに決着しました。婚姻期間も1年半と短く、子どももいなかったため、協議離婚であっさりと別れたのです。

A子さんはあこがれていた学生時代の先輩と1年の交際を経て再婚しました。不安定な事業をしていた次郎さんと違い、大企業で給料もボーナスも手当てもきちんと出る安定感のある暮らし。その後、A子さんは子どもにも恵まれ、平和で幸せな生活を送っていました。

再婚して7年たったある日、A子さんのもとに銀行と信用金庫から内容証明郵便が届きました。なんと2500万円をすぐに支払えというものでした。最初はいったいなんのことだろうと困惑したA子さんですが、離婚した元夫の次郎さんが会社の事業資金として融資を受けた借金に利息を含めた残債であることに気づきました。しかし、お金を借りたのは次郎さんの会社です。すでに離婚もしておりまったく関係のない次郎さんの会社の借金を、A子さんが払うなんて理不尽です。

たしかに当時は会社の役員にもなっていましたが、離婚したときに登記を抹消してもらい役員も退任しました。「なんでわたしが払わなきゃならないのよ」とあわてて銀行と信用金庫に問い合わせると、なんと次郎さんの会社は破産したことがわかりました。連帯保証をしていた次郎さん個人も自己破産し、連帯保証人であるA子さんだけが支払義務を負っているというのです。

「破産したからといって返さなくていい道理はないわ」と憤ったA子さんは近くにあ

る市役所の法律相談所にかけつけました。しかし、弁護士の先生から自己破産をすると原則として免責されるので、借金はすべてチャラになること、したがって免責をされた会社も次郎さんも、法律上は銀行や信用金庫に返済をする義務はないと教えてもらいました。

なんと……、「じゃあわたしが2500万円も払わなきゃいけないんですか」とみるみる青ざめたA子さんに、弁護士の先生は冷静にアドバイスをしました。

「ええそうですね。離婚したからといって、連帯保証人であることは消えません。結婚しているか離婚しているかとは関係なく、銀行や信用金庫に対して連帯保証人としてサインをしてハンコを押したことの責任なんです、これは」と。あとは銀行や信用金庫と交渉してどういう返済計画を立てていくか、あるいは今の旦那さんからお金を出してもらうなりして、少しずつ返済していかないとなりません、という考えてもみなかった説明を受けました。

脱力して帰宅したA子さんは、自分の預金通帳を見て愕然《がくぜん》とします。今の旦那さんは大企業に勤めていますが、マンションをローンで買ったばかりで、とても2500

万円など返すお金はありません。さいわい購入したマンションは今の旦那さんだけの名義だったので、差押えを受けることはありませんでした。しかし、どう考えても2500万円などという大金を返す余裕はどこにもありません。

しかも少しずつ返済するといっても、膨大な金額になります。だいたいなぜ別れた元旦那の借金を返さなければならないのか、A子さんは腑《ふ》に落ちません。結局、弁護士に相談した結果、A子さんは自己破産をする道を選びました。自己破産をすれば、次郎さんの会社や次郎さん個人のように、やはりA子さんも連帯保証人としての債務をすべて免除されると聞いたからです。主婦ですので自己破産などというものはしたくありませんでしたが、働いているわけではなく、今の旦那さんが稼いでくれる以上、2500万円を返すことに比べればましと判断しました。

A子さんは本当に悔しい思いでいっぱいです。なにも考えずに連帯保証契約書にハンコを押したことがすべての失敗でした。連帯保証人の意味を理解していなかったのです。

「連帯保証人には絶対になってはいけない」と知恵のある大人は言いますが、こういう意味です。連帯保証人というのはお金を貸す銀行や信用金庫からすれば、お金を借りた人が破産したときに債権回収をできなくなるリスクを分散するための担保なのです。不動産などに抵当権をつければそこから回収できますが、こうした物的担保にとどまらず、連帯保証人という人的担保も大きな債権回収の手段になるのです。

1度ハンコを押してしまえば、あとから連帯保証を外すことは簡単にはしてもらえません。離婚をしたときに外してもらう方法もあったと思いますが、銀行や信用金庫も他に連帯保証人をつけてくれないかぎりは簡単にはうんと言わなかったでしょう。

連帯保証人としてハンコを押すということは、こういう最悪の事態が起きる可能性を認めるということです。その覚悟ができないかぎり絶対にハンコを押してはいけません。

## 2 事実がたくさん書かれた文書にハンコを押してしまったら?

2009年から日本の刑事裁判では、裁判員裁判がスタートしました。わたしたち一般国民から選ばれた裁判員が、重い刑事事件について裁判官と一緒になって判断をする制度です。新聞やテレビのニュースでも報道されているので、あなたも選ばれたらどうしようなどと考えたことがあるかもしれません。

刑事裁判では民事裁判と異なり、基本的にすべて口頭で行われます。法学部の学生さんなどが勉強のために裁判傍聴をしようとした場合、多くの先生は刑事裁判を見ることを勧めます。刑事裁判はすべて口頭で行われるため法廷を傍聴しているだけで、どんなことが行われているのかが素人でもなんとなくわかるからです。これに対して、民事裁判の場合はほとんどが書面の交換で進むため、傍聴をしているだけではなにが行われているのかがさっぱりわかりません。書面の交換だけなので、時間的にもひとつの事件が５分とか10分ですぐに終わってしまいます。

刑事裁判はほとんどが１回の期日に１時間は要します。冒頭陳述、論告求刑といった被告人の有罪を検察官が立証する手続などは書面でも提出されますが、すべて検察官が法廷で口頭でも行うからです。

刑事裁判で被告人の有罪を立証するために警察官や検察官が作成するのが、被告人や関係者の調書です。警察官が取調べや事情聴取を行い作成した調書を「警察官面前《めんぜん》調書」と言い、検察官が取調べや事情聴取を行い作成した調書を「検察官面前調書」と言います。刑事裁判ではこうした書面で書かれた聴取内容は証拠で提出されたとしても、被告人がその書面を証拠として提出することに同意をするとそのまま証拠として採用されますが、内容に疑義がある場合には「不同意」にすることができます。不同意にした場合には、その聴取をした人を裁判所の法廷に呼び、尋問を行うのが原則です。そうしないと、調書に書かれた内容を裁判所で立証することができなくなるからです。

そうはいっても、警察官面前調書も検察官面前調書も、国家公務員である警察官や検察官が被告人や参考人・関係者から直接話を聞き作成したものです。その内容を調書という書面にまとめたうえで最後に読み聞かせをして内容に相違がないことを確認し、本人に署名押印《しょめいおういん》(ハンコがない場合には指印)をさせたものです。したがって、その調書に書かれた内容とまったく正反対のことを法廷で述べた場合には、どちらが正しいのかという問題が出てきます。

裁判がスタートする前に警察官や検察官が取調べをして作成した調書に書かれている内容と、その人が実際に法廷で発言する内容がまったく異なる結果になることは刑事裁判では往々にしてあります。特に被告人が、取調べの段階では罪を認めていたものの、裁判がスタートすると調書をすべて不同意にし、法廷ではわたしはやっていませんと述べるということは、否認事件ではよくあることです。

この場合、裁判官はどちらが正しいかをどのような基準で判断するのでしょうか。調書に書かれている内容と法廷で述べている内容とを比べて、どちらがうそでどちらが真実かをじっくりと判断するのだと思うかもしれません。そのこと自体は間違いではありませんが、とても重要なことがあります。それは、すでに調書にハンコを押している（被告人の場合は逮捕されてハンコをもっていないことが多いので指印ですが）ことの重要性です。

これまで、契約書などの文書でハンコを押してしまうと、そこに書かれている内容を認めたことになりますよという話をしてきました。それと同じです。自分が犯罪を行ったかどうかについてもそれを認めた調書があり、そこにハンコが押されているということは犯罪を犯したことを認めた証拠になります。認めていたにもかかわらず、あとになってこれを覆して否認に転じたため、まずはハンコを押した調書に書かれていることがベースに判断されるのです。

警察官や検察官が作成する調書は、1通だけではありません。毎日のように取調べをして、その都度、調書を何通も作成していくのが通常です。これはあとで、裁判が始まってから否認された場合に、証拠としてこれだけ複数の調書で被告人は有罪であることを認めていましたよ、ということを出せるようにするためです。調書の作成というのは単に聴取した内容を書き記しまとめておくというものではなく、被告人の有罪を立証するための証拠作りなのです。

そのため、裁判では調書で認めていたにもかかわらず、なぜ法廷ではこれを覆したのか、という点にスポットをあてられることになります。同じ人が供述する内容を変えることを「供述の変遷《へんせん》」と言います。調書に書かれている内容と法廷で話している内容が違うということは、「供述の変遷」があったことになります。裁判官は、こうした「供述の変遷」を見つけ、「供述の変遷」の合理的な理由があるかどうかをチェックします。

ここで合理的な理由と言ったときに、一般論としては被告人は有罪になりたくないに決まっていますよね（刑務所に行きたいと思う人はほとんどいないでしょう。特に重い罪になればなおさらです）。逮捕されて警察官や検察官からきつく取り調べられたときには罪を認めたとしても、有罪かどうか刑の量刑をどうするかをジャッジする裁判が始まるとおじけづき、やっぱりやってませんと言いたくなるのは心情的にだれにでもあるでしょうし、理解できます。ということは、警察官や検察官の前では罪を認めていたのに、裁判官の前では罪を認めない被告人というのは、基本的にはおじけづいて罪を否定し始めたと思われてしまうのです。

そして、ハンコの恐ろしさについて考えたときに、調書というのは作成をするのは警察官や検察官ですが、そこに書かれた内容が間違っていればハンコを押さなければいいという選択肢があります。あるいはここの内容は違いますから、検事さん修正してくださいと言うことができます。にもかかわらず、たしかに間違いありませんとハンコ（指印）を押したということは、そこに脅迫や暴力などがあり無理やり押させられたというような事情がないかぎり、これを覆すのはむずかしいということになります。

例としてわかりやすいので刑事裁判の話をしました。あなたは「わたしのような善良な市民には刑事裁判なんて関係ないですよ」と思われたかもしれません。しかし、実際にはやっていないのに疑いをかけられ、取調べをされることがあるかもしれません。そういうことがあったときには、やっていないのであれば絶対にサインをしてはいけません。あとから弁護士がついてアドバイスを受けた結果、調書にサインをすることはそんなにたいへんなことなのかということに気づき、途中からサインをすることをやめ、あるいは法廷で否認に転じる例もあります。

しかし、最初はなぜ調書にサインをしたのですかという目で必ず見られてしまいます。やっていないのであればめんどうくさくなっても、早く出たいと思っても、取調べが厳しくても、やったと書かれている調書に絶対にサインをしてはいけません。痴漢冤罪などであれば、犯罪とは無縁の人でも通勤ラッシュで巻き込まれるリスクは常に潜んでいます。サインをすれば家に帰れるぞと言われても、やっていない以上は絶対にサインしないことです。

こうした話は調書に限りません。例えば社内で横領事件の疑いが勃発したとします。何名かが使い込みをしていたという疑いが起きて、社内で上司が調査に乗り出します。あなたはなにもしていないのに呼び出されて上司と面談をすると、きみがやったんだろうとすごい剣幕です。そのときにやったと認めれば、警察には通報しないし金額も多くはないから、今回のことは目をつぶってやるよなどと言われたとします。

しかし、やっていない以上はやったことを認めるような文書にハンコを押してはいけません。サインをしてはいけません。それを証拠に告訴されるかもしれませんし、告訴はされなかったとしても懲戒解雇や民事で損害賠償請求裁判を起こされ、証拠として使われる危険があります。

このように契約に限らず、事実が書かれた文書でも、やっていないことをやったと書いてある文書にハンコを押してはいけません。たしかに悪いことはしてしまったという場合でも、事実がたくさん書かれていて、これはやっていない、この部分は違うというディテールについてもきちんとチェックをすることです。あなたに非がある行為をしてしまったからといって、やっていないことについてまでやったと書かれてある文書にハンコを押すいわれはないからです。

ここはたしかにやりましたが、これはやっていません、ここは違いますと文書を読み、きちんと修正をしてもらうことです。本当にやったことしか書かれていない文書になってから、初めてハンコを押すかどうかを判断すべきです。いずれにしても、ハンコを押せばさまざまな場面で証拠として使われることになります。ハンコを押す場合には、その覚悟をしてからにすることです。

## 3 白紙委任の文書にハンコを押してしまったら?

これまでのハンコを押したら危険ですよという話は、ハンコを押す文書に内容が書かれていることが前提になっていました。しかし、ハンコを押す文書は必ずしも内容がすべて書かれているとは限りません。

例えば白紙委任状というものがあります。委任状というのは、売買契約や土地や建物などに担保として抵当権を設定するなどの特定の法律行為をすることを、他人にお願いする文書のことです。自分に法律の効果が発生する法律行為（自分の土地を売買する、自分の建物に抵当権を設定するなど）を、代わりに他の人に行ってもらうことを代理と言います。特定の法律行為について、他人に代理権を与えるものです。

代理人になった人は委任を受けた法律行為については、本人を代理して法律行為を行うことができます。Aさんの甲土地をBさんに売却することについて、委任を受けたCさんは、「A代理人C」という名義で、Bさんと甲土地の売買契約の交渉を行い、売買契約書にサインをすることができますし、ハンコを押すこともできます。甲土地をBさんに売却する契約を締結したのはCさんですが、Cさんは甲土地の所有者であるAさんから甲土地をBさんに売却することについて代理権を与えられているため、「A代理人C」として行った売買契約の効果は、代理人であるCさんではなく本人であるAさんに帰属することになります。

このように他人に法律行為を行う代理権を与える場合に気をつけなければいけないのが、白紙委任を行ってしまうことです。白紙委任というのは他人に代理権を与える際に、その代理権を与える事項を白地のままハンコを押してしまうことです。委任をする内容を書かないで、白紙にしたまま法律行為を行うことを委任することです。そして白紙にしていた部分についてはあとから代理権を与えられた人が書き込みをしたうえで、売買契約などの法律行為をする相手にその委任状を見せることになります。これだけで白紙委任状にハンコを押すことが、どれだけ危険なことであるかがわかると思います。

具体的には代理人が悪い人だった場合に、本人が意図していないことまで勝手に行ってしまう危険があります。新たに土地を購入することについて代理権を与えるつもりで委任状を書いたのに、白紙だったことをいいことに、代理人が自分が借金をするための担保として本人の自宅に抵当権を設定してしまうなどというのがその例です。

この場合、本人は自宅に抵当権を設定されることなど考えてもいませんし、他人である代理人自身の借金のために自宅を担保に差し出すことなど許すはずがありません。しかし、白紙で委任状を出してしまったがために、代理人がこれを悪用してしまったのです。

おそろしいのは、民法に照らして考えても、白紙委任状を出してしまったことの責任として、その代理人に融資をして抵当権を設定してもらった人（法人でも同じです）が、本当はその建物の所有者がその建物に抵当権を設定することについての代理権を代理人に与えていなかったことを知らなかった場合には、その抵当権の設定が有効なものとして本人に帰属してしまう可能性があることです。

その法律行為をすることについて代理権をもっていない人が、代理人と名乗って第三者と法律行為を行うことを無権代理《むけんだいり》と言います。代理権がないのに代理行為をすることです。無権代理は本人から代理権を与えられていない以上、本人に法律行為の効果が帰属しないのが原則です。しかし、白紙委任状をその代理人に出していた場合など本人にも非があるような場合で、その法律行為を行った相手が代理権がないことを知らなかったような場合には、例外的に有効な取引であると信じた取引の相手を保護することがあります。これを表見法理《ひょうけんほうり》と言います。

無権代理だとしても見ため（表向きに見たとき）には代理権があるかのような外観があり、そうした外観を作ったことについて本人にも責任がある場合には、この外観を信じて取引をした第三者を保護しようという制度です。こうした表見代理のような制度を表見法理、あるいは権利外観法理などと言います。

悪事を働いたのは頼まれていないことを勝手にした代理人ですが、悪事を働けるような白紙委任状を代理人に渡してしまったのは本人です。悪事を働けないようにするためには、白紙委任状ではなくお願いしたことを特定した委任状を渡すべきだったのです。

このように委任状にハンコを押すときにも、自分がお願いしたことと違うことまで勝手にされてしまう内容になっていないかチェックをする必要があります。白紙でなくても委任事項がたくさん列挙されていて、実際にお願いしたこと以外のことも書かれているような場合は要注意です。また、「〜など」といったような曖昧《あいまい》な書き方になっている場合にも要注意です。委任状を作成するときは白紙にしないことはもちろんですが、なにを委任する委任状なのかその範囲をきちんと特定することが大切です。

こうした白紙委任状のおそろしさは、委任の場合に限りません。偽造防止という観点からは普通の契約書などであっても、あとから書き込みがされるリスクが常にあります。あとから知らないことを書き込みされることがないよう、契約書などの文書に書かれている事項は、付け足しができないように作成することが必要です。

特に手書きで書いた文書の場合には、空白や余白があるとそこにいかようにでもあとから書き込みをすることができてしまいます。100万円だったはずなのに、0と万の間に余白があったために、1000万円に改ざんされてしまう、あるいは、1のとなりに9を書かれて9100万円に改ざんされてしまうといったことなどが典型です。こうしたことがないよう、金額を入れるときには「※」を入れるなど、余白を作らない工夫がされているのをみかけたことがあると思います。「※100万円」といったように、こうしたものはすべてあとから改ざんされることを防止するための工夫です。

手書きの文書であってもハンコを押せば契約書になりますし、法律的な意味での効力は生じます。しかし手書きの場合は、改ざんがしやすいです。特に相手の筆跡で書かれた文書の場合には、ハンコを押したあとで相手がいかようにも文字を付け加えてしまうおそれがあります。

これがワープロ文字（パソコン）で印字されていればあとから打ち込むことはできませんし、手書きで書き込みなどをした場合には、修正印がないと無効になりますので勝手な改ざんはしにくくなります。したがって手書きの場合には、書かれている文章のなかで余白を作らないこと、またあなたがハンコを押す以上は手書きのときはできるかぎりあなたの筆跡で書いた文書にすることです。

パソコン（ワープロ）で印字し書き込みはできないように工夫されていたとしてもページがまたがるような場合には、あとから別のページを挿入されてしまうというリスクがあります。そこで契印《けいいん》をページとページの間に押すということは、すでにお話をしました。これもあとから契約の内容を改ざんされることを防止するための工夫です。

ハンコを押す前に、白地になっていないか、不用意な余白がないか、改ざんされやすい文書になっていないかをチェックすることが大切です。

## 4 他人に自分の名前を使わせてしまったら?

ハンコを押すのが自分でない場合でも、自分に危害がおよぶ場合があります。他人があなたの名前をそのまま使って契約書にハンコを押してしまう場合です。あなたがだれかに特定の法律行為を代わりにしてもらうために代理権を与えた場合に、代理人が委任を受けていないことまで勝手にやってしまうリスクについては、3で説明しました。

ここでは代理人ではなく、あなた以外の人間が、あなたになりすまして契約をしてしまう場合です。あなたはこの世にひとりしかいない存在です。もちろん同姓同名の人がいるような名前の方の場合には、同姓同名の人が契約をすることはありうるでしょう。しかし、同姓同名の人は世の中にたくさんいますので、契約書には名前だけでなく住所も書くようになっています。

そうしないと「鈴木一郎」というような名前の方の場合、日本全国にいるどの鈴木一郎さんが締結した契約なのかが特定できなくなってしまうからです。これまでハンコ、ハンコと言ってきましたが、ハンコを押す場合には当事者を特定するために、「住所」と「氏名」を書き、「氏名」のとなりにハンコを押すのが通常です。これで初めて日本にただひとりのあなたが特定できるのです。

このように住所と名前の両方を書くことで、同姓同名の他人とあなたが間違われてしまうリスクはほとんどなくなります。もちろん、同じ住所にあなたと同じ氏名の人が住んでいる場合には、そのようなリスクが出てきます。しかし万が一そういうことがある場合には、生年月日もあわせて記載するなどして区別をすることで、あなたが他人と間違われる可能性を防止することができます。

しかし、あなた以外の人間があなたの名前を使って契約をしてしまったらどうでしょう？　例えば、あなたが山田七十七郎という名前だったとします。ある日、あなたのもとに裁判所から訴状が届きました。なんのことだろう、と思い開封してみると、500万円を支払えという民事の裁判があなたに対して起こされていました。

あなたに訴えを提起した原告の名前を見ると、聞いたことがないXさんという人です。あなたはXさんに500万円を支払ういわれはないはずなのですが、訴状に添付されていた証拠の写し（コピー）を見ると、なんと金銭消費《しょうひ》貸借《たいしゃく》契約書がありました。まったく身に覚えがない契約書です。

しかし、あなたの住所と名前（山田七十七郎）が記載されており、山田というハンコも押されています。

どうみてもあなたが押したものではありませんし、筆跡を見てもあなたの字ではありません。このような場合でも、あなたは訴えを提起したXさんに５００万円を返さなければならないのでしょうか。借りてもいない５００万円を返すというのもおかしな話ですが、裁判では契約書が重要な証拠として扱われますからなにも反論をしないでいると、あなたはXさんに５００万円を支払えという判決を受けることになります。これほどおそろしいことはありません。

このような場合、あなたはそもそもハンコを押してないのですから、ハンコを押すときには気をつけましょうという話とは少し違います。しかし、あなたの名前を勝手に使う人があらわれると、あなたはたいへん危険な目にあう可能性が出てくることになります。山田七十七郎さんの例では、筆跡が違うということですから、裁判ではあなたが書いた字ではない、あなたが押したハンコではない、つまりこの契約書は偽造だという反論をしていくことになります。

筆跡鑑定をして明らかにあなたと筆跡が違うことがわかれば、Xさんの請求は棄《き》却《きゃく》されるでしょう。しかし、時間と費用をかけて余計な裁判につきあわされることになります。怖いのは、あなたの筆跡を知っている人が、あなたの筆跡をまねて契約書にあなたの住所と氏名を書いた場合です。

こうしたことはあなたの周囲に悪だくみをする人がいなければ、起きないことです。また、そもそもあなたがセーブできることではありません。せめてできることがあるとすれば、自分のハンコを安易に人に渡したり、管理させたりしないということです。あなたがふだん使っているハンコが使われた場合、偽造だと立証するのはなかなかむずかしくなるからです。

ここまではハンコを貸した場合でないかぎりは、基本的にあなたには非がないものでした。しかし、あなたがもしあなたの名前を使うことを承諾していた場合はどうなるでしょうか。５００万円の金銭消費貸借契約書（借用書）に借主として、あなたの住所と名前が書かれてハンコが押されていました。たしかに筆跡はあなたのものではありませんし、ハンコもあなたがふだん使っているものではありません。

実はこの借用書を作ったのはあなたの先輩で、先輩に「名前だけ貸してもらえないか、いろいろなところから借りていて僕の名前だと貸してもらえないんだ」と頼まれていたようなケースです。あなたは「お金は自分がきちんと返す。迷惑はかけないから」という先輩の言葉を信じて、しぶしぶでしたが名前を貸すことを承諾してしまいました。さて、この場合あなたはXさんからの訴えで５００万円を払わなければいけないでしょうか。こういう問題があり得ます。

ここで問題なのは、あなたの名前を使うことをあなたが先輩に許可したということは、先輩があなたの名前を勝手に使った場合とは違うということです。つまり本人の許可なしに無断で本人の名前を使って契約をしてしまう偽造のケースではないということです。また「山田七十七郎　代理人〇〇」という署名でもありませんから、代理でもありません。

結論からいうと、あなたが名前を貸すことだけを承諾したのであり、あなたが本当に500万円をXさんに返すことまで認めたのでなければ、原則としてあなたがXさんに500万円を返さなければならないいわれはありません。実際お金を借りたのはあなたの先輩ですから、あなたの先輩がXさんに500万円を返さなければいけないはずです。

しかし問題なのは、そのことを実際にお金を貸したXさんが知っているかどうかということです。もしあなたの先輩がXさんに、「山田七十七郎と書いてあるけれど実際にお金を借りるのは山田七十七郎さんじゃなくて、僕だから」と、きちんと説明していた場合であれば、Xさんがあなたに500万円を返せと請求することはできないでしょう。これに対して、あなたの先輩がXさんに対してうそをついて、あるいは本当の事情を隠して、「山田七十七郎さんが返すそうだ。手続は僕が行うよう依頼を受けた」というような説明をしていた場合、つまり、Xさんはあなたに500万円を返してもらえると信じていた場合は問題です。あるいは、Xさんがあなたの先輩のことを山田七十七郎さんだと思いこんでいることだってあるかもしれません。

このような例を見ればわかると思いますが、名前を貸すことも安易に行ってはいけません。いつ知らない人から裁判を起こされるかわからないからです。そして、裁判でおそろしいのは、契約書が重要な証拠になる点です。あなたの住所と名前が書かれており、ハンコも押されている契約書が証拠として提出されると、あなたの側で自分はその契約書にハンコなど押していないといったことを反証しないといけません。

自分がハンコを押すことに比べると制御できる範囲を超えた部分もありますが、名前を貸す（名前を使うことを承諾する）ようなことは人から頼まれるおそれはありますす。自分が押してないハンコでもあなたの名前でハンコが押されてしまうと、「実際は違います」ということを証明できないかぎり、裁判で負けてしまうリスクがあるということを知っておいてください。

# 第3章

# プロが教える正しいハンコの押し方

## 1 納得しなければ絶対に押すな

ハンコを押す場面については、これまでもさまざまなシーンを取り上げてきました。このあとも危険な場面を具体的に挙げていきます。

契約書であれ、調書であれ、示談書であれ、稟議書《りんぎしょ》であれ、承諾書であれ、受領書であれ、どのような文書であってもあなたがハンコを押すということは、そこに書かれている記載内容についてあなたがその年月日にそのとおりですと認めたことを意味します。ハンコを押す場合は、通常その日付けを記載します。平成23年3月11日というように、年月日で記載をします。西暦で2011年と書いたとしても、元号で平成23年と書いたとしても、違いはありません。

いずれにしても年月日をきちんと書くのは、日付けが重要だからです。何時何分というような時刻まで書くことはほとんどないと思いますが、年、月、日の3点で日付けを特定する作業は通常行われます。そうしないといつの意思表示であるかが不明となり、証拠としての価値が下がってしまうからです。

あなたがその文書にハンコを押すことによって、そこに記載されている年月日に、そこに記載されている事実を認めたことが「証拠化」されます。そうです。その文書は、今後、相手がその文書をもっているかぎり、証拠として使われるリスクをはらむことになるのです。逆にいえば、あなたにとって有利なことが書かれている文書であれば、あなたが将来なにかあったときに相手につきつける証拠にもなります。大事なことは、その文書はただの紙切れではなく、裁判で証拠としての価値をもつ重要文書だということです。

もちろんあなたがハンコを押した文書すべてが、必ず裁判で証拠としての価値をもつというわけではありません。例えば、書かれている内容が公序良俗《こうじょりょうぞく》に違反するような場合には、民法《みんぽう》90条によって無効な契約とされます。わかりやすい例でいえば、Aさんを殺したら田中さんが鈴木さんに1億円払うという内容の文書は、きちんと年月日が書かれており、田中さんと鈴木さんのフルネームの自署（サイン）があり、ハンコもそれぞれ押されていたとしても、公序良俗に反するため無効になります。Aさんを殺した鈴木さんが田中さんに民事の裁判を起こして契約どおり1億円払えと言って契約書を証拠で出しても、内容が殺人契約なので無効とされ、請求は棄却されることになります。

しかし、これは契約が公序良俗違反という理由で無効になったということです。いずれにしても、裁判所でそのような約束（契約）があった事実は証拠として明らかになっています。そもそも、こんな契約書を出して1億円払えという裁判を起こすことは非現実的です。

この証拠が現実に裁判所に提出される可能性があるとすれば、刑事裁判のほうでしょう。Aさんを殺した犯人が鈴木さんであるとして、鈴木さんが殺人罪で起訴された裁判です。鈴木さんは殺人の容疑を否認《ひにん》していたとします。そのときに検察官からさきほどの契約書が提出されるとします。この契約書が証拠として提出されると、鈴木さんがAさんを殺したという事実を直接証明する証拠にはなりませんが、少なくともAさんが殺害された日の数日前に、鈴木さんがAさんを殺したら田中さんから1億円をもらえるという契約をしていたことが明らかになります。間接証拠（状況証拠）ですが、鈴木さんがAさんを殺したことを立証する有力な証拠になるでしょう。

殺人契約というあまりないたとえを出しました。そこに書かれた内容そのものが有効に認められるかどうかはともかく、いずれにしても年月日の記載がある文書にハンコを押した場合、将来、証拠としてその文書が使われるリスクが必ず出てきます。そもそも、ハンコをわざわざ押すというのはそういうことです。つまり、あとから言った言わないのトラブルにならないようにという防止策から、ハンコを押させるわけです。言い逃れはさせないぞ、これが証拠だぞ、というのがハンコを押させることの意味なのです。

そしてハンコがなによりおそろしいのは、その紙に書かれた内容が仮にうそだったとしても、客観的には真実であるかのように扱われる証拠になってしまう点です。例えばさきほどの例に戻りますと、鈴木さんと田中さんは冗談でノートの切れはしにAさんを殺したら1億円払うという走り書きをして署名をしてハンコを押しただけだったとします。そんな手のこんだことをあえてすることは、普通はないでしょうが、例えばこの本を読んだ読者がハンコの押し方の練習をすることはあるかもしれません。どうせ練習だし、うそっこの内容だからと、ありえないことを書くことだってあるかもしれません。

さて、あろうことか、Aさんがその数日後なにものかによって殺されてしまいました。田中さんはテレビを見て青ざめます。まさか鈴木のやつ本気にしたのか……と。そして、ハンコを押したノートの切れはしを田中さんが警察に渡したとします。

鈴木さんは警察に任意同行を求められ、警察署で取調べを受けました。ノートの切れはしをつきつけられ、ベテランのこわもての警部からどなりつけられ、おまえがやったんだろうと机をたたきつけられます。そして、執拗な取調べを受け、やってもいないのに自白をしてしまいました。さて裁判になったときに鈴木さんは一転して否認に転じましたが、検察官から例のノートの切れはしを証拠で出されます。

検察官「裁判員のみなさん、このノートの切れはしにはAさんを殺したら被告人は田中さんから1億円をもらえる……と書かれています。被告人。いいですか、よく見てください。このノートの切れはしを……」

鈴木さん「はい」

検察官「このノートの切れはしに書かれている鈴木太郎という文字は、だれが書いたものでしょうか」

鈴木さん「わたしが書きました」

検察官「では、この鈴木というハンコを押したのはだれですか」

鈴木さん「それもわたしです。ただ、それは……」

検察官「以上です」

どうですか？　そんなばかげたことがあるわけないじゃないか、と思われたあなた。たしかに殺人契約を冗談でするなんてことは普通はないでしょうし、その数日後にだれかにその人が本当に殺されるなんていう偶然まで重なることには現実味がないかもしれません。しかし、極端なことをいえば、田中さんが鈴木さんを殺人罪に仕向けるために、はめたということだったらどうですか？

殺人だと現実味がないという方は、借用書だったらどうでしょうか？

「私は田中次郎さんからたしかに1億円を借りました。3カ月後までに必ず返済します。鈴木太郎（印）」というノートの切れはしです。冗談でそんなものにハンコを押すわけないでしょうと思われた方、これがハンコの危険な場面です。ハンコを押した文書は証拠として独り歩きを始めます。繰り返しになりますが、ハンコを押すということが、そもそも証拠を作るための行為なのですから。

殺人とか1億円とかだと、そんなものにハンコを押すわけないじゃないかと思ったかもしれませんが、内容はなんであれ同じです。10万円かもしれません。1万円でも同じです。お金を借りる内容に限られるわけでもありません。ハンコを押すという行為は、証拠を作る行為なのです。

したがって、ハンコを押すのは内容に納得した場合だけにすべきです。それ以外のときにハンコを押してはいけません。あとで自分の首をしめることになります。

## 2 ひとりの判断は危険なときがある①（専門家にチェックしてもらう）

ハンコを押すと、あとでさまざまな問題が起きるリスクがあります。内容もよく理解しないままに押さないことです。そこに書かれていることに納得した場合にだけ、ハンコは押すべきです。こういうことをこれまでお話ししてきました。

例えば、「わたしはあなたさまから１００万円をたしかに借りました。平成24年12月31日までに返済します」と書かれている借用書に、「実際は10万円しか借りていないのにハンコを押すことはできません。あなたさまから借りたお金は１００万円ではないでしょう、10万円でしょう。10万円と書いてください。そうでないとハンコを押すことはできません」と言うことは、あなたにもできるようになるはずです。ここではきちんと言うべきは言えるという勇気が必要になりますが、その勇気を出さなかったがためにあとでとんでもない裁判にかけられることになるのだとわかれば断る勇気も出るはずです。あるいはきちんと修正を求めよう、という強い気持ちも出てくると思います。

このように、ハンコを押す紙に書かれていることがだれにでも理解できるような内容の場合には、あなたがきちんとその文章を読んだうえでハンコを押すべきか押さないべきかを判断すればよいといえます。大事なことは、その紙に書かれている文章をきちんと読んで疑問がある場合には、どういう意味なのかを相手に確認することです。そして、そこで説明を受けた内容がその文章からは読みとれない場合には、その説明を受けた内容を文章に書いてもらうことです。

ハンコを押す以上、あなたは証拠を残すことになります。リスクを背負うことになります。ハンコを押してから考えても悩んでも意味がありません。ハンコを押す前に、この文章はちょっとおかしくないですか、こういう書き方にしてもらえませんかと相手にきちんと修正・訂正を求めることです。

例えば、さきほどの100万円の例でいえば、実際に借りたのは10万円なので、10万円に書き直してくださいと訂正を求めます。これは金額を見ればだれにでもわかることなので、明らかな間違いの例です。明らかな間違いでもハンコを押してしまえば、そこに書かれている内容を認めたことになってしまいます。そうならないよう、勇気をもって修正を求める必要があります。

書かれている文章だけではよくわからないという例としては、例えば、「この契約に違反があった場合には、損害額の30パーセントを賠償するものとする」などと書かれているような場合です。損害額の30パーセントを払うということだなということはわかりますが、その「損害額」というのはどのような基準で決まるのかが定かでありません。

もしあなたが払ってもらう側だとすれば、「損害額」はできるかぎり多くしたいと思うはずです。そうでないとその30パーセントしか損害を賠償してもらえないからです。あれもこれもとその契約違反に関連して生じた損害すべてを請求して、そのうちの30パーセントという理解でよいのでしょうか。そうだとすると、請求したもの勝ちになります。そう考えると、実際には「請求した損害額の30パーセント」という意味だということでしょう。しかし「請求した損害額」などというのは曖昧です。いくらでも請求そのものはできてしまうからです。

また、「損害額」というのは実際に生じた損害のうち、その契約違反から生じたことが客観的に明らかな損害（相当因果関係《そうとういんがかんけい》がある損害）に限られるのだとした場合、その30パーセントしか払ってもらえないということは、払ってもらう側からすれば不当に損害賠償を請求する権利が制限されていることになります。しかし、こうした契約書にハンコを押したとしても、契約違反とは別の理由で損害を受けた場合には、どうなるのか、その場合も30パーセントに減額されてしまうのか、「この契約に違反があった場合」ではないから100パーセント損害を賠償してもらえるのか、といった問題が出てきます。

このようにその紙に書かれている文章だけでは、曖昧で不明確なことがある契約書は、実はやまほどあります。それで実際に裁判で契約書の条文の意味が争われるケースがあとをたちません。契約書にお互いにハンコを押した場合、その契約書にしたがう必要が出てきます。これを「契約の拘束力《こうそくりょく》」と言います。

しかし、その契約書に書かれている内容が不明確な場合には、その契約の内容を「解釈」して導く必要が出てきます。どちらかが泣き寝入りをした場合には、力の強い者の「解釈」が通ることになりますが、争いがおさまらない場合には裁判所で裁判官に「解釈」をしてもらうことになります。

裁判所に解釈してもらうということは、客観的にその紙に書かれている内容を吟味《ぎんみ》して、通常導かれる契約内容を確定してもらうことです。その場合、人と人との争いについてルールを定めた「民法」の基本原則や契約の定めなども考慮されることになります。

例えば、さきほどの例でいうと、「この契約に違反があった場合」に損害賠償請求額が30パーセントに減額されるという合意ですので、「この契約に違反があった場合」とは別の理由で損害を被ったのであれば、100パーセント損害賠償を請求できると解釈するのが通常でしょう。これを「文理《ぶんり》解釈」とか「反対解釈」などと言います。書かれている文言《もんごん》をそのとおり素直に読む解釈のことです。「この契約に違反があった場合」とある以上、この文言を素直に読めば、「この契約に違反があった場合」ではない場合には、30パーセント減額のルールは適用されないと、文字どおり反対に解釈するのです。

それから人と人との間では、つまり民間の人同士の間では「私的自治《してきじち》の原則」と言って、基本的には当事者間で決めたことはどのような内容でも、その当事者の間では効力をもつものと考えられています。別の言葉では「契約自由の原則」という民法の大原則があります。当事者間では、どのような契約をしても自由だというものです。

しかしどんな内容でもいいというのにも限界があります。例えば、すでにお話をしましたが「公序良俗」に違反する内容は無効になります。人身売買とか殺人契約といったものは、当事者間で合意をしても無効になります。裁判所は不法には手を貸さないからです。こうした明らかな公序良俗違反にかぎらず、法律で禁止された強行法規に違反するものも無効になると考えられています。例えば、消費者契約法などではこうした損害賠償額（違約金）などについて、消費者が契約を解除するときに不当な違約金をとられないよう歯止めをかける規定を設けています。こうした強行法規《きょうこうほうき》（強行規定）に違反する合意は、当事者でハンコを押しあっても無効になります。

頭がこんがらがってきたかもしれません。細かいことは忘れてしまってかまいません（あるいはよくわからなくてもだいじょうぶです）。

ここで重要なことは、ハンコを押す紙に書かれている内容がわかりにくいときには、さまざまな解釈が行われる可能性があるということです。つまり、あなたなりの解釈があったとしても、実際にはそのとおりでない解釈の契約をしたと認定される危険があるということです。

それじゃなにがなんだかわからないですよ、素人のわたしには法律のむずかしいカイシャクとか言われてもわかりません。これじゃあハンコなんて押せないじゃないですか、と思われたあなた。そうです。こういう場合にはひとりで抱えこまないことです。専門家にきちんと文面をチェックしてもらいましょう。弁護士などの法律家に契約書をチェックしてもらうことは、企業法務では今日あたりまえのように行われています。専門家に相談してアドバイスを受けることでなにがよいかというと、事前にトラブルを防げることです。これを予防法務《よぼうほうむ》などと言ったりします。

裁判というのはトラブルを事後的に処理するものです。一般に弁護士などの法律家の仕事というと、裁判のイメージが大きいと思います。しかし、こうした裁判の経験を多数もっている弁護士などの法律家に事前に契約書などの文書を見てもらうことができれば、裁判にならないですむこともあります。事前に紛争にならないように予防をするのです。こうした予防法務的な考え方を少しでも頭の片隅に入れてもらえると、あとで大きなダメージを受けるリスクが相当程度減ります。

この紙にハンコを押したらどうなってしまうのかがよくわからないな、なんとなく自分に不利なことが書かれているような気がするなというときは本などを読んで調べるのもいいですが、素人判断はしないことです。トラブルはおさまらないと裁判というステージに移行しますが、裁判ではカイシャクという法律のプロが行う作業が出てくるため、専門家に見てもらっておいたほうが安心です。

## 3 ひとりの判断は危険なときがある②（立会いを求める）

専門家にチェックしてもらうという方法は、ほとんどの場合が基本的にはアドバイスを受けることです。わたしども弁護士も、顧問先の企業さまが締結することになった契約があると契約書のドラフトを拝見して、チェックをさせていただくことがあります。弁護士はこれを「契約書のチェック」と呼んでいますが、契約書のチェックをすると、ドラフトを作成した当事者のほうに有利な定めが多くあるものです。

専門家としてチェックをする立場から意見を言うときには、お客様に不利な条項になっていることのご指摘をいたします。そして、それが専門的に見て、つまり法律的に見て、なぜ通常より不利な条項になっているかをお伝えします。

当事者でなにも取り決めをしていない事項については、基本的には民法に書かれていることが適用されます。株式会社などの商行為をする当事者の場合には、民法の特則である商法も適用されます。こうした民法や商法の規定と照らしてみたときに、当事者で特約を結ぶというケースがあります。公序良俗などの強行法規（強行規定）でないかぎりは民法や商法の定めと異なる合意をするのは、当事者の自由だからです。これを私的自治の原則、契約自由の原則と言うことはすでにお話ししました。

このように原則として自由である部分に、特約の意味が出てきます。特別な合意ができるのであれば、契約書では自分たちに有利な特約を入れておこうと考えるのが人の心理であり、企業人の合理的な考えです。企業が定型的に締結している契約ほど、その企業に有利な定型化された契約書の雛型があります。

もっとも、契約書のドラフトを作ることができるのは、企業間の場合は力をもっている側の企業です。下請的な立場の企業や中小企業は、発注者的な立場の企業や大企業が提示する契約書のドラフトをそのまま受けて調印することが多いのが実情です。

いずれにしても契約書のチェックというのは、弁護士などの専門家にとってはこうした特約にひそむ「ゆがみ」を見つけて指摘をさせていただく業務です。それは企業の場合でも、個人の場合でも同じです。新しいマンションに引っ越すことにしたのだけど、この賃貸借契約書に調印してだいじょうぶでしょうか、というのは個人の方でもご相談になるでしょう。また、親戚にお金を貸すことになったのだが、このような借用書でよいでしょうかというようなご相談もあるでしょう。

生活に直結すること、大きなお金が動くときなどには、やはり専門家に見てもらったほうが安心です。素人考えでは思いつかないようなことが、契約書にはたくさんあるからです。もちろん、契約書という名前でなくてもハンコを押す文書はすべて同じです。

不安があるときは弁護士などの専門家に見てもらったほうがよいでしょう。さて、その見てもらう場合ですが、これはあくまで見てもらうだけです。冒頭に言いましたが、アドバイスを受けるだけです。この第2条の記載だと、返済期限がきちんと特定できていませんよ、争いになったときに不利になってしまいますよ、といったいろいろなアドバイスを受けることができます。

しかしアドバイスを受けるということはそれをどのように活かすかは、あくまであなた自身ということになります。専門家に見てもらって、アドバイスを受けたので、この条項は修正してもらおう、こういう条項を付け加えてもらおう、と考えたとしても、相手がうんと言わなければ意味がありません。契約というのは、あくまで双方の当事者が納得して初めて成立するものだからです。

そうです。あなたがこの本を読むまではなにも考えずに（あるいは考えたとしても）ポンポンとハンコを押していたように、相手も、はあそうですか、と言ってハンコを押してくれるわけではないのです。あなたが専門家からアドバイスを受けたとして、それをふまえて相手に修正を求めたとします。しかし相手は相手で、そうですか、わかりました、検討させていただきますと言って、あなたの提案を持ち帰り、別の弁護士に相談するかもしれません。そうすると、その弁護士は相手に有利になるようなアドバイスをするでしょう。

結局、契約というのはあたりまえのことですが、交渉で決まります。この本であなたにお伝えしたかったことは、そもそも交渉というステージに乗る前に、ハイハイとハンコを押してしまうことの危険性です。それに気づいていただくことが、まず第一歩でした。その意味では、あなたがすぐにハンコを押さないで、専門家に相談して、相手に修正を求めたとすれば、それはたいへん立派なことです。

もちろん、それだけで、はあ、そうでございますかと、スムーズに進む場合もあります。まだこの本を読んでないような方が相手になった場合です。しかし、相手も理論武装をしてくる場合があります。その場合には、最終的には交渉をして、お互いに妥協するところは妥協し、譲るべきでないところは譲らずにという話し合いのステージに進むことになります。

このときに大事なことは、ひとりではむずかしいと思ったときは第三者の立会いを求めるという方法もあるということです。通常の契約では弁護士はアドバイスをするだけで、立会いまですることはあまりありません。しかし、重要な契約であり、どうしても弁護士が必要な場合にはお金を払って立会いを求めるという方法もあります。また弁護士でなくても他の法律専門家に立ち会ってもらう方法もありますし、法律の専門家でなくとも第三者に立ち会ってもらうという方法もあります。

第三者に立ち会ってもらうことでよいのは、客観的に自分を擁護してくれる人があらわれるという点です。

また、純粋な立会いの場合であっても、そこで話し合った内容などを見た第三者の証人があらわれることになります。のちのちハンコを押した文書の内容でもめたときに、立会人に実際の交渉の経緯がどうだったのか、どういう合意をしたのか、といったことを証人として発言してもらうという方法をとることができます。

第三者が立ち会うことで、相手が暴利をむさぼったり不正をしにくくなるというメリットもあります。特に純粋な交渉ステージというよりも、相手が一方的に暴利をむさぼり、あるいは脅迫的な行動をとるおそれがあるときは、第三者に立ち会ってもらうメリットは計り知れません。相手の暴動を抑制するという効果もありますし、その場の雰囲気におされて、あなたが安易にハンコを押してしまうリスクを軽減する効果もあります。

文書にハンコを押すときに、自分ひとりで立ち向かわなければならない道理はどこにもありません。あなた自身のことであることは間違いありませんし、立会人には何らの権利も義務も発生しません。しかし、あなたが冷静にハンコを押せる環境を整えるためには、立会人を連れてくることが大きな武器になる場合があります。

遠慮をせずに立会人を求めましょう。立会人は親兄弟や頼りになる会社の上司や先輩などが頼みやすいでしょうし、適切だと思います。専門的な見方をしてもらいたいときには、お金を払って専門家に立ち会ってもらう方法もあります。そうでない場合は、お願いできる人に頭を下げて頼むことです。事前に相手に伝えると断られそうなときは、面談の当日まで立会人の存在を知らせずに連れてきてしまうという方法もあります。自分の権利を守るためにできることは最大限することです。

立会人をつける場合、①立ち会ってもらうだけで、ハンコを押すのは当事者のみという方法と、②「立会人」として立会人の方にもハンコを押してもらうという方法があります。ハンコを押してもらうと、立ち会っていたことの証拠になります。

# 第4章

# ハンコと契約 イロハのイ

この章ではハンコを押す文書について、その種類や内容の基本的なことを具体的に解説します。

契約書というとワープロ文字できちんと印字されたかっちりとした書面でなければいけないと思っている方もいるかもしれません。はたしてそうなのでしょうか。紙切れに手書きで書いたものでも、ハンコを押せば同じ効果になるのでしょうか。

交通事故やトラブルなどが起きたときに、よく示談をすると言いますが、この示談というものはどのようにすればよいのでしょうか。どのような意味があるのでしょうか。契約なのでしょうか。契約とは別のものなのでしょうか。

会社などの法人の場合は、だれがハンコを押せばよいのでしょうか。従業員が押しても効力が会社に生じるのでしょうか。

こういったことをお話しします。

## 1　契約書ってなに？

契約書という言葉を聞いたことがない人はいないと思います。「では、こちらの契約書にご署名とご印鑑を押してください」と言われる場面は少なからずあると思います。自分自身にはなかったとしても、勤め先の会社で契約書を見ることはあるでしょう。

よくアメリカは契約社会だと言われます。たしかにアメリカの契約書は非常に分厚いものが多く、細かいことまで含めてすべて契約書に記載していくものが多いと思います。そしてアメリカは契約社会だといったときに、暗に日本は契約社会ではないというニュアンスがこめられているようにも思います。

しかし、日本もれっきとした契約社会です。なぜなら、わたしたちが売買や賃貸借などの法律に関する合意（約束）をした場合、それは法律（民法）上はたとえ口頭で行ったとしても契約だと評価されるからです。売買契約や賃貸借契約は口頭でも成立します。ただ、口頭だけだと合意をしたという証拠がなくお互いにもめたときに、どちらの言い分が正しいのかがわからなくなるため、契約書という書面を作るのです。そして、その書面に当事者がお互いに署名をしてハンコを押すことで、たしかに○○の合意をしましたよ、○○の契約を締結しましたよ、ということを記録し保存しておくのです。これが契約書です。

アメリカと違うのは、日本は契約書を作らないで取引をしていることが多い点です。あるいは作っても内容は書式や雛型をそのまま使うだけで、中身の検討がきちんとできていないといった点も挙げられます。しかし、日本も契約書を重視する社会にうつり始めています。

契約というのは2人以上の当事者が、ある一定の事柄について約束をすることです。約束というのは、合意をすることです。こうした約束や合意の内容について、民法はさまざまな契約の種類を定めています。

民法に定められている契約のことを「典型契約」と言います。例えば、売買契約（特定の財産を相手に移転し、その代わりに相手は代金を払う契約）、贈与契約（特定の財産を相手に無償で移転する契約）、賃貸借契約（建物や土地などを相手に貸し、その代わりに相手は賃料を払う契約）、消費貸借契約（使ってしまってよいことを前提に相手にお金などを渡し、その代わり相手はそれと同じものを返す契約）、寄託《きたく》契約（ものを預ける契約）、交換契約（ものとものをお互いに交換する契約）、委任契約（法律行為を行うことを相手に依頼する契約）といったものがこれにあたります。契約の種類（名前）が民法に定められているのは、民法が作られた当時（１８９８年）に社会でよくある典型的なものだったからで、「典型契約」と呼ばれています。

こうした典型契約以外にも、契約はあります。契約というのは、民法などの法律に定めがあるかどうかは問いません。要するに特定の事柄について合意をすれば、それが契約になります。したがって、民法に定められた典型契約ではなくても、れっきとした契約です。例えば、企業ではファックスやコピー機などは、リース契約を使っているものが多いと思います。こうしたリース契約は民法に定められている典型契約ではありませんが、今日ではよくある契約です。こうした民法に定めがない契約のことを「非典型契約」、あるいは「無名契約」と言います。現在は民法（債権法）の改正が議論されています。近い将来この改正が実現すると、今は民法に定めがない非典型契約（無名契約）も改正法のもとでは典型契約になるものが出てくるでしょう。

こうした当事者間の取り決め（合意・約束）を契約と言い、契約を締結したことを文書で残した書面のことを「契約書」と呼びます。では、「契約書」というのは具体的にはどのようなものを言うのでしょうか。あなたは契約書というと、ワープロ文字でキレイに印字されて、かっちりと条項がうめつくされているものをイメージするかもしれません。企業が反復・継続して締結する契約について、雛型が整っており、当事者の住所と名前、日付け、金額などの欄以外だけが空白になっており、あとはすでに完成しているようなものです。もちろん、これも契約書です。

しかし、契約書というのは、きちんと整っているものばかりではありません。手書きで書かれているものでも契約書になりますし、ノートの切れはしにボールペンで走り書きをしたようなものでも契約書になります。契約書というのは端的にいえば、その当事者が契約を締結したことを証明する文書です。その当事者がそこに書かれている内容について合意をしたことが示されているものであれば、手書きだろうが、素人が書いたものであろうが、ノートの切れはしに書かれていようが、すべて契約書になります。

ただ、これでは契約書にはなっていないよ、というものもあります。それは、タイトルが「○○契約書」といったものになっていたとしても、内容が「○○契約」があったことを示す文書になっていない場合です。

あるいは、当事者の名前がひとりしか書かれていない場合です。契約というのは、2人以上の意思が合致して成立するものです。ひとりで行うものは遺言などのように単独行為といって契約ではありません。最低でも2人以上の意思の合致が必要ですので、契約を締結する当事者全員の氏名が書かれていることが必要です。また、氏名だけでは同姓同名ということもあるため、必ず住所も記載します。当事者全員の住所と氏名がそれぞれきちんと書かれていることが最低限必要となります。

住所と氏名が書かれていても、ワープロ文字で印字されているだけ（記名《きめい》と言います）の場合には、その当人でなくてもだれでも名前をパソコンで打ち込むことはできます。これでは本当にその当事者の意思だったのかが判読できません。したがって、住所は印字でも構いませんが、名前は自署《じしょ》をすること（当事者本人が署名すること）

が望ましいですし、自署をした場合でもより証拠価値を高めるべく、ハンコも押してもらったほうがいいです。

自署がありハンコもあることを「署名押印《しょめいおういん》」と言い、印字がありハンコがあることを「記名押印《きめいおういん》」と言います。契約書の効力を立証するためには、当事者の「署名押印」か「記名押印」が必要になります。法律上は「署名」だけでもよいとされていますので、「署名」だけでも立証はできます。しかし、例えば片方の当事者がハンコまで押している場合には、なんでこっちの人はハンコを押してないのだろうという疑問を持たれます。また、ハンコがない「記名」（ワープロ文字）のみの場合は、アウトです。これでＯＫとなってしまうと、だれでも偽造の契約書を作れてしまうからです。

ごく基本的なことですが、せっかく契約書を作っても当事者欄に不備があると、裁判で証拠価値がなくなるリスクがあります。１番安心なのは、本人の「署名」と「押印」の両方をとることです（なお、ここでは当事者が個人の場合について話をしましたが、株式会社などの法人の場合についてはあとで解説をします）。

契約書の中身に入りましょう。細かいことは本書では触れません。個々の契約書でどのようなことを書けばいいかは、契約書の書式集などの本がたくさん販売されていますのでそちらを参考にしてください。ここではどのような契約をするときでも、必ず気をつけなければいけない点のみ示しておきましょう。

それは、契約の対象を特定《とくてい》するということです。この「特定」という概念が、契約書では非常に重要になります。法律家は「特定」ということを常に頭のなかで意識しています。これに対して、一般の方々は、「特定」ということを教わったことがないため、せっかく契約書を作ってお互いに署名押印もしたのに、特定ができていないため契約書としての効果に疑義が出てくるというものがあります。

特定というのは、それがなにを指しているのかを条件づけることです。例えば、あなたが現在住んでいる家は世界にひとつしかないはずです。それを書面上見分けることができる程度まで、具体的に特定する必要があります。マンションの場合、住所だけでは特定になりません。部屋がたくさんあるからです。不動産の特定は、不動産登記簿謄本に書かれている情報を列挙することで行います。機械であれば商品名だけでなく、種類や型番なども記載します。機械の場合は、中古品やオーダーメードでなければ、唯一無二ではなく同じものが量産されているのが通常です。それでもどの機種なのかが特定できないと、契約の対象物がわかりません。これについて契約をしたのです、ということが契約書に書かれている文言から読みとれる程度まで、具体的な記載をします。これが特定です。

## 2 覚書ってなに?

覚書《おぼえがき》という言葉を聞いたことがありますか。契約書という言葉に比べると、覚書という言葉を聞いたことがある人の数は減るかもしれません。覚書というのは契約書ほどかっちりしていないものの、当事者がお互いに取り決めたことを書き記しておくものです。

正式な契約書を作成する前に、まず覚書を作っておくというパターンもありますが、実際によく利用されるのは正式な契約書とは別に、契約書で十分に書かれていないことを補足して書くものや、契約書というほど大きな事柄を合意したわけではないけれども、忘れないうちに取り決めたことを書面にしておくものなどがあります。

覚書というと正式な契約書ではないので、効力は契約書ほど強くないと思う方もいるようです。しかし、覚書というタイトルになっていたとしても、内容的になにかの契約を締結したことが書かれている書面であれば、その覚書によって契約があったことを証明する資料になります。

覚書に、Aさんが Bさんに平成23年1月21日に300万円を貸し渡したことを確認する。Bさんは、Aさんに平成24年1月21日までに300万円を返済することを確認するといったことが書かれていれば、300万円の借用書と同じ効果が生じます。民法が定める金銭消費貸借契約がAさんとBさんの間に成立したことを立証できる証拠になります。タイトルが「借用書」「消費貸借契約書」などと書かれていなかったとしても、契約が成立したことが書かれた書面であれば、消費貸借契約が成立したことを証明する証拠になります。タイトルが「覚書」であっても同じです。

覚書というと効力が弱いように思われがちですが、決してそうではありません。契約書と同じように当事者の署名押印（または記名押印）があって、なにかの契約が成立したことが記載されていれば、契約書と同じ効力をもちます。これは覚書だからあとで訂正できるのだろう、などと安易にハンコを押してはいけません。もちろん、覚書を正式な契約書の前段階として使う場合で、例えば、「AとBは、〇〇について売買契約を締結する方向であることを確認する。ただし、正式な金額についてはAとBで協議したうえで決定する」などと書かれているような場合には、まだ正式な売買契約は成立していません。この場合は売買契約書と同じ効力があるとはいえません。その時点においてAとBで話し合って合意をしたことを書面で確認したものであり、実際に売買契約が成立するかどうかは、今後の交渉次第という書面です。

大事なことは、覚書という書面のタイトルには特段の意味がないということです。内容が契約が成立したことを示すものになっていれば、覚書というタイトルでも契約書としての意味をもちます。逆に、タイトルが「〇〇契約書」とあっても内容が「〇〇契約」が成立したことを示すものになっていなければ、契約書としての意味をもちません。

ハンコを押す書類のタイトルには大きな意味はありません。大事なことはどのような合意をしたことが書かれているか、その内容です。覚書だから適当でもいいだろうなどと思って安易にハンコを押すことがないよう気をつけてください。

## 3 示談書ってなに？

「示談をする」という言葉を聞いたことがありますか。示談というのは、ジダンと読みます。もめごとが起きたときや、相手に損害を与える行為をしてしまったような場合に金銭的な条件等を取り決め、その合意をもって紛争を終結させるものです。裁判所などを通さずに、当事者同士で（代理人として弁護士が入る場合はあります）紛争を解決させるものです。

よくあるのは交通事故です。交通事故でケガをさせてしまった加害者（運転者）が、被害者と示談をするような場合です。示談がまとまったということは、当事者間では紛争は終結していることを意味します。したがって、交通事故の場合に運転者は刑事事件で罰せられるべき対象になるのですが、「被害者との間で示談も成立しているので」という理由で起訴されないこともありますし、起訴はされても執行猶予付きの判決が出ることがあります。

示談というのは、当事者間では紛争を終わらせる合意をしていることを意味するため、さらに刑事罰まで科すべきか、科すとしても重い実刑判決にすべきかといったことを考える際に、被疑者・被告人にとって有利な事情になるのです。

逆にいうと、そのことを知っている被害者の場合、金銭的な面では納得がいっていても示談をすると刑事罰が軽くなるから、起訴されなくなるから、といった理由で刑事罰が確定するまで示談には応じないという方針をとる被害者もいます。示談は当事者同士で納得しないかぎり成立しないため、成立したときには当事者間では解決済みなのだなという資料になるのです。

交通事故以外でも、痴漢や傷害事件を起こしたような場合、やはり示談が重要になってきます。いずれも刑事事件になるからです。刑事事件が被告人に刑罰を科す手続であるのに対して示談は民事の問題です。

　当事者同士で話し合って解決することを示談というため民事裁判ではありませんが、示談がまとまらない場合には民事調停や民事裁判などに発展することになります。裁判所が関与したうえで、当事者の合意で紛争を解決する手段もあります。民事調停の場合は、調停が成立した場合です。裁判所が関与している点で示談とは異なりますが、そこで合意する内容は示談と同じです。民事裁判の場合は、和解が成立した場合です。裁判所が関与したうえでの和解のことを「裁判上の和解」(「訴訟上の和解」)と言います。これに対して、裁判所が関与しないで当事者間で和解をすることを「和解契約」と言います。

　示談というのは、内容的には契約なのです。民法が定めている「和解契約」にあたります。当事者間でお互いに譲るべきところは譲りながら、その紛争について金銭を支払うなどの条件を入れたうえで(もちろん金銭の支払いがないこともあるかもしれません)、これっきりにする合意のことです。紛争を終了させる合意になります。裁判所が介在しなくても、もめごとが起きた当事者同士が納得したのであれば、れっきとした紛争解決基準になります。これがいわゆる「示談」の正体です。法律的にみると、その内容は和解契約に該当します。

このように示談も契約のひとつですから、ハンコを押すことになります。そして、他の契約と同じように、ハンコを押す前に内容をきちんと確認することが大切です。内容について納得してから、ハンコは押すようにしてください。

例えば、あなたがなんらかの不注意である人に被害を与えてしまったとします。そして示談で300万円を支払うという合意をして、名前を書きハンコを押したとします。しかし300万円を支払うあてがなくなり、支払いができなかったとします。この場合、もう1度、被害者に交渉して、やはり100万円にしてもらえないかという ことはできません。なぜなら、示談というのはその紛争を終わりにしますという合意になるからです。具体的には、そこで決めた金銭の支払いなど以外については「その余《よ》の請求を放棄する」「甲乙間には本件に関して第○項以外に債権債務関係がないことを確認する」といった条項を入れるのが通常だからです。

もちろん、当事者間の合意ですから被害者がじゃあ100万円でもいいですよと言ってくれれば別ですが、普通はそうはなりません。なにを言っているんだ、示談をしただろう、示談書で300万円支払うとあなたは約束したじゃないかと被害者が憤慨すれば、民事裁判に訴えられる可能性があります。そのときに、示談書が証拠として提出されたら、基本的にあなたは300万円の支払いを免れることはできません。あなたがハンコを押した示談書が被害者とあなたとの間で、あなたが被害者に300万円を支払うという条件での和解契約が成立したことの証拠になるからです。したがって、たとえ示談書が手書きの文字でノートの切れはしに書かれていたような場合でも、被害者とあなたのサインとハンコがあれば（署名あるいは記名押印があれば）、裁判所に通用する証拠（和解契約書）になります。この点に注意が必要です。

なお、示談をするケースでは交通事故などのように、あとから予想もしなかった損害が生じることもあります。後遺症などの問題です。示談をした時点では問題になっていなかったようなことが、あとで問題になる可能性もあります。その場合には、後遺症などあとで起きる可能性がある問題についても、その示談でどのように取り決めるかを示しておいたほうがよいです。例えば、あなたが被害者であれば「なお、後遺症など本示談当時において生じていなかった損害が発生した場合には、本示談書の合意にかかわらず、別途損害賠償金の支払いをしなければならない」といった条項です。

示談で重要なのは基本的に紛争を終了させる合意なので、それで当事者間の債権債務関係が確定することです。したがって、その示談書で何を確定させ、何を確定させないのか（別途請求する余地を残しておくのか）といったことを検討することが重要になります。

## 4 ハンコを押すのはだれ？（会社の場合など）

契約書などにハンコを押す場合、そもそもだれが押すべきかという問題があります。あなたが個人として大家さんからマンションの３０１号室を借りる場合、賃貸借契約を締結するのは大家さんとあなた個人です。このように個人が契約を締結する場合には、個人がハンコを押せば足ります。あなたが記名押印をするか、署名押印をすればよいことになります。

これに対して、契約の当事者が個人であっても、未成年者の場合には親権者《しんけんしゃ》のハンコも必要になります。未成年者は原則として制限能力者とされており、契約を締結するためには親権者（通常は両親）の同意が必要とされているからです。未成年者が契約を締結する場合に保護者のハンコが求められるのは、こうした理由からです。民法に定めがあり、未成年者が親権者の同意なくして契約を締結した場合には、原則として、親権者がその契約を取り消すことができるとされています。

未成年者に商品を売る場合には、未成年者のハンコだけでなく、親権者（保護者）のハンコももらっておかないとあとで契約が取り消されてしまうおそれがあります。一般に未成年者は人生経験にも乏しいため、不必要な契約をしないよう民法は未成年者の財産を保護しているのです。

成人した個人であっても代理人に契約を締結してもらう場合には代理人のハンコが必要です。また、利益相反《りえきそうはん》があるような場合、特別代理人を選任しないと契約を締結できないことがあります。例えば、親権者と未成年者（その子）が利益が相反する契約を締結する場合には、家庭裁判所で未成年者（子ども）のために特別代理人を選任してもらわなければなりません。親権者が自分の私利私欲のために自分の子どもに不利な契約を締結してしまう危険から、子ども（未成年者）を保護するためです。

会社と取締役との間で、取締役が私利私欲を優先して会社に不利益な契約を締結するおそれがある場合もあります。この場合も利益相反取引として、会社法は規制をしています。取締役会が設置されている株式会社の場合には、取締役会の承認が必要になります。このように利益相反がある場合には、契約をする個人がハンコを押せばそれだけで契約が有効になるわけではありません。注意が必要です。

法人の場合はどうでしょうか。法人というのは、法律によって権利や義務の帰属主体であることが認められた団体のことです。サラリーマンの方はお勤め先の会社や団体が法人であることが多いと思います。典型は株式会社です。株式会社は営利を追求する団体ですが、非営利の団体でも、財団法人や社団法人、社会福祉法人、医療法人などさまざまな法人があります。法人としての地位が法律上認められた団体は、人として権利を取得したり、義務が発生したりする地位をもつことができます。

例えば、株式会社は建物を買ったり、融資を受けたり、あるいは商品を売却したりすることができます。株式会社が契約締結の当事者になることができるということです。より具体的にいうと、株式会社が売買契約や金銭消費貸借契約の当事者としてハンコを押すことができるということになります。

では、株式会社がハンコを押すにはどのようにすればよいでしょうか。個人の場合には、田中太郎さんであれば田中太郎と署名（サイン）をして「田中」というハンコを押せばよいですが、法人の場合はどうなるのでしょう？

例えば、株式会社田中商事という法人があって、代表者が代表取締役の田中太郎さんの場合、田中商事という法人が契約の当事者になる場合には、だれがどのようなハンコを押せばよいのでしょう？

この場合は、当事者欄に「株式会社田中商事」と法人名を記入したうえで、「代表者」として「代表取締役　田中太郎」という記名と代表印を押す必要があります。代表印は法務局に届出をした実印です。法人の場合には、代表権をもっている代表者（通常は代表取締役です）の氏名を記入し、代表印を押す必要があります。その会社に所属している人だとしても、代表権限がない課長〇〇〇〇さんのハンコでは法的に有効な契約になりません。

代表権をもっているかどうかは、その会社の商業登記簿謄本を入手すればわかります。不安な場合にはチェックをしてください。いずれにしても法人が当事者になる場合には、その法人名、代表者の肩書き、代表者名、代表印（ハンコ）が必要です。個人の場合に比べ、若干複雑になりますので注意が必要です。

法人ではない人の集まりとしては「組合」があります。組合の場合でも組合を代表して法律行為をすることができる業務執行組合員が選定されている場合には、「○○組合　業務執行組合員×××（印）」となります。

契約書などにハンコを押す場合には、契約書の内容をきちんと確認するだけでは足らず、だれがハンコを押すのかもチェックすることです。ハンコを押すべきでない人（契約の当事者でない人や、代表権がない人）のハンコでは、せっかくの契約も効力が生じない危険があります。当事者はだれなのか、だれがハンコを押すべきなのかという点にも気をつけるようにしてください。

## 5 ハンコを押すと、成立の真正が推定される？

文書にハンコを押すと、そこに書かれていることをたしかに認めましたという証拠になります。契約書に当事者がハンコを押し合うのは、証拠を残しておくためです。

では、ハンコを押すと具体的にどのような意味が出てくるのでしょうか。たしかに認めました、という意味だ。それはそのとおりです。ここでは少し技術的な話になりますが、民事裁判のルールを定めた法律（民事訴訟法）には、次のような規定があります。

> 「私文書は、本人又はその代理人の署名又は押印があるときは、真正《しんせい》に成立したものと推定する」（民事訴訟法228条4項）

私文書というのは、シブンショと読みます。市役所や国などが作成した公文書《こうぶんしょ》の対義語です。一般の私人《しじん》同士で作成した文書という意味です。わたしたちが通常ハンコを押す契約書は、まさにこの私文書にあたります。もちろん、示談書や覚書といったタイトルでもすべて同じです。

この条文を読むと本人（代理人がいる場合には代理人）の署名（サイン）か押印（ハンコ）があれば、その文書が真正に成立したものと推定すると書かれています。

これは、民事裁判で証拠として提出した文書は、まずもって「成立が真正であること」を証明しなければならないとされているからです。成立が真正であるというのは、当事者のなりすましや偽造がないということです。本人同士が（代理人を利用したとしても）、自らの意思に基づいて作った文書であるということです。これを「文書の真正《しんせい》」と言い、これが認められると「形式的な証拠力」があると言われます。少なくとも、形式的には当事者がきちんと関与して作成された文書であるという意味です。

もっとも、実質的に証拠力があると言えるかについては、その内容を検討していくことになります。いずれにしても、サインをしたり、ハンコを押したりすることで、その文書（契約書など）は形式的には証拠力をもつことになります。それで、サインやハンコが求められるのです。サインをしたり、ハンコを押したりした文書は証拠になります、とこれまで話してきたのはこうした法律の定めがあるからなのです。

ただし、さきほどの条文をよく見ると「推定する」と書かれています。推定するということは、2つの意味があります。ひとつは、原則としてもう立証は不要だということです。もうひとつは、逆に反対の証拠を示せば、推定は覆《くつがえ》るということです。これを反証《はんしょう》と言います。サインやハンコがあれば、その人たちがきちんと関与して作成した文書なんだなと推定されます。しかし、サインは偽造かもしれません。他人が勝手に筆跡をまねて（あるいはまねもしないで）書いただけかもしれません。「北野」というハンコが押されていたとしても、押したのは北野さんではなくて、本当は小倉さんかもしれません。

サインやハンコがあると、いったんその人たちによって作られた文書だと推定されます。しかし違います、これは偽造です、わたしの字ではありません、ということを証明（反証）できれば、その推定は覆ります。サインやハンコは押してあるけど当事者がやったんじゃなかったんだね、偽造だったたんだねとなり、契約が無効になります。

注意しなければならないのは、サインやハンコがあれば当人がしたものだと推定されるわけですから、実際は違うのですということを反証できなければ、本当は違うのにあなたに契約が成立したと認められてしまうリスクがあるということです。民事裁判は、証拠法（民事訴訟法に規定があります）というルールがあって、どのようなものがあれば、どのような認定がなされるかを裁判官が自由に判断できます。これを自由心証《しんしょう》主義といいます。

ただし、この文書の成立の真正のように、例外もあります。私文書にサインやハンコがあった場合には、反証が成功しないかぎりはその文書は真正に成立したものと裁判官は認めなければならないのです。この意味をきちんと知っておいてください。

つまり、サインやハンコというのは、それだけ裁判では強力な意味をもってくるということです。本当は偽造なんだという場合でも、偽造なんだということを裁判官に説得できるほどの証拠を示して立証しないとアウトなのです。これが本書でハンコの押し方をテーマにしているゆえんです。

実際にあった裁判でも、次のようなことが判決で言われています。

「文書中の印影が本人または代理人の印章によって顕出《けんしゅつ》された事実が確定された場合には、反証がない限り、該印影は本人または代理人の意思に基づいて成立したものと推定する」（最高裁昭和39年5月12日判決・民集18巻4号597頁）

ハンコが押されていると、勝手に他人が押したものだとしても、本人の意思に基づくものだと推定されてしまいます。このことは知っておいてください。

## 6　契約書にハンコを押すときにチェックしておくべきこと

本書は契約書の条項を細かく分析していく本ではありません。ただ、契約をする際に、必ずといっていいほど問題になるごく基本の部分については、本書でも触れておこうと思います。どの契約書にも共通する視点こそが、最も重要なポイントになるからです。

ただし、企業の法務部などで契約書をチェックする必要がある方、本格的な契約書があり、条項をチェックする必要がある方は、契約書のチェックをテーマにした本などで、もっとつめた照合をすることをおすすめします。

どの契約書にも共通することが多い、重要ポイントは次の点です。

### ① タイトル

タイトルは、その契約書の骨子《こっし》をわかりやすく示すものです。したがってその契約の内容にマッチしたタイトルをつけましょう。例えば、建物の賃貸借契約であれば「建物賃貸借契約」、お金を借りる場合には「借用書」あるいは「(金銭)消費貸借契約書」というタイトルをつけます。

もっとも、タイトルになにをつけるべきかに決まりはありません。タイトルにルールはありませんので、どのようなタイトルをつけるかは自由です。また、タイトルに書かれていたとしても、実際に契約書の条項にそのタイトルに合致した内容が書かれていなければ効果が生じません。例えば、売買契約書と書かれていたとしても、実際には賃貸することしか書かれていなければそれは賃貸借契約書になります。

ただし、タイトルと中身が違う場合には、本当はどちらを意味している契約書だったのだろうかという争いになる可能性があります。後日の紛争防止という観点からは、裁判になったときに、多義的な解釈の余地を残すタイトルにはしないことです。

## ② 当事者の表示

必ず記載しなければならないことのひとつです。当事者がだれであるかが書かれていなければ、契約書の意味をなしません。多くの契約書は、「甲」だれだれ、「乙」だれだれなどと記載して、当事者を明らかにしますが、「甲」は横山飛太郎と書かれているのに、「乙」は空欄となれば契約をしたことの証拠になりません。契約というのは複数の当事者が特定の事柄について合意をすることですが、ひとりの当事者だけでは契約にならないからです。

当事者の表示は、氏名だけ書かれていればいいというものではありません。もちろん、氏名だけでは絶対にダメだというわけではありません。しかし、当事者の表示は、その当事者本人を特定することに意味があります。鈴木一郎と氏名だけ書かれていた場合、日本全国にいるどの鈴木一郎さんかがわかりません。これでは当事者を特定したとはいえません。そこで、通常は氏名だけでなく住所も記載することで、当事者を特定することになります。

また、真正に成立したこと（本人の意思に基づいて成立したものであること）を推定してもらう証拠にするために、必ずサインとハンコをとることです。サインだけでも、記名押印（ワープロ文字で氏名を印字しハンコを押すこと）でも、最低限としてはよいですが、できるかぎりサインとハンコの両方（署名押印）をとってください。

当事者が2人の契約が一般には多いですが、3人以上の契約もあります。その場合にはあたりまえのことですが、当事者全員をすべて記載します。たくさんいたのだけれど、ひとり書き忘れたとなれば、契約書があってもそのひとりについては、その契約が成立したことを証明する手段にはならなくなります。

当事者が法人の場合には、住所は本店所在地を記載し、氏名は法人名を記載します。また、法人は目に見えない存在（フィクションとしての人）ですので、手足としては代表権限をもった代表者が必要です。そこで、代表取締役などの代表権をもった人が、その法人に効果を帰属させるために登場することになります。法人の場合には法人名と代表者名を書き、本店所在地を書くことでだれなのかを特定するのです。

### ③　作成年月日

当事者を特定し、ハンコを押したとしても、作成年月日が書かれていないと不十分です。いつ成立した契約かがわからないと、その契約の効力を論じることができなくなってしまうからです。例えば、契約で発生した請求権（債権）は一定の期間を経過すると消滅時効にかかります。しかし、いつ成立した契約かがわからないと、消滅時効の期間を計算することができなくなってしまいます。

同じ当事者の間で、同じような契約が複数ある場合などには、年月日で契約を特定する必要も出てきます。契約書でなくても同じです。覚書や示談書その他、事実関係を認めるような文書、どのようなものでも必ず年月日を入れてください。普通の方が作ると、年月日の記入漏れがあるものが多いです。証拠にするためには、いつ作られたかが重要です。契約書を作成した年月日を忘れずに記載してください。

### ④ 契約の内容

契約の内容を書くのはあたりまえのことです。あたりまえのことですが、あたりまえにはできていないことが多いです。契約の内容がまったく書かれていないということは、それほどありません。問題なのは、契約の内容が明確に書かれていないという場合です。契約内容が一義的に明らかになるほど、特定できていないケースです。契約書を作っても、ハンコを押しても、契約内容の特定がきちんとできていなかったがためにトラブルになる例はあとをたちません。

下手に契約書があったがために、トラブルになることもあります。その契約書の記載を見ても明確に書かれていないことなのに、相手から「契約したでしょう。ちゃんとやってくださいよ」などと言われるケースです。なにかをしなければならない側の当事者になった場合には、特に慎重にチェックしてください。「これに関連する事項」とか「その他一切」などとぼかした表現をしていると、なんでもかんでも契約の内容だからやってくださいと言われるはめになります。やってくださいならまだいいですが、やらなかったじゃないかといって損害賠償を請求される危険もあります。

そのときに契約書の記載内容から見て、あきらかにそんなことをやれとは書かれていないと読めるのであれば、裁判を起こされたとしても心配には及びません。しかし、相手が言っていることもやらなければならないように読むこともできるとなると裁判で負ける危険が出てきます。パッと見て、一読して、なにをやるべきかが明確に特定されているかをよく見てください。契約内容の特定は入念に検討し、明確な記載をしておくことです。

### ⑤　物権目録など

不動産に関する契約書の場合には、必ず物権目録というものをつけます。これは、どの不動産に関する契約なのかを特定するためです。住所（所在地）だけでなく必ず不動産登記簿謄本をとって、そこに書かれている情報を列挙して唯一無二の不動産（物権）であることを特定します。特にマンションの1部屋などの場合、住所とマンション名だけではどの部屋なのかが特定できません。部屋番号なども記載して、他のものと区別できるように明確にしないといけません。

不動産に限らず、機械などもそうです。契約の対象物を明確に特定するようにしてください。機械であれば型番などを記載して、この機械と言えるまで明確に特定をしてください。特定がきちんとできていないと、契約の対象が曖昧になり、契約書を作った意味がなくなります。曖昧になればそれぞれ食いちがう主張をし始め、トラブルになるおそれがあるからです。裁判になっても不明確な特定であれば、解釈によって負けてしまう危険もあります。そうならないよう契約書を作る段階で明確にしておくことです。

### ⑥ 違約金・損害賠償金

契約どおりのことをしてもらえなかった場合に備えて、あらかじめ契約書にペナルティ条項を入れるものがあります。違約金という名前であったり、損害賠償金という名前であったり、記載の仕方はさまざまです。

重要なことは金額が妥当であるかという点と、それだけ払えば解決するのかという2点です。あらかじめ違約金や損害賠償金の支払いや内容に合意することはできます。しかし、契約を守れば関係ないことだなどと思っていると、なんらかの事情で契約を履行できなくなったときに、思わぬ損害を被る可能性があります。違約金や損害賠償金が高額に設定されている場合です。あるいは、もらうべき立場の場合には、実際の損害よりも低額に設定されている場合です。その意味で金額をきちんと検討する必要があります。明確な金額ではなく、損害額の○%といった制限条項になっているものもあります。いずれにしても、いざというときを想定して金額の妥当性を見ておくことです。

もうひとつは、それで解決になるかという点です。あらかじめ損害賠償額や違約金を定めていた場合、それさえ支払えば一件落着とも思えます。しかし、それは最低限払うべきものであり、それ以上に損害があった場合には、さらにその損害も賠償しなければならないということもあり得ます。逆に、あらかじめ定められた違約金・損害賠償金さえ支払えば、ほかに損害があったとしてもそれは払う必要はないということもあり得ます。このどちらなのかについて、契約書で明確に定めておく必要があります。どちらにも読めるような規定にしておくと、あとで紛争のタネになります。気をつけてください。

### ⑦ 履行期限・契約期間

いつまでに行うべきなのか、いつまでに返済しないといけないのか。こうした、いつまで、これを特定しておくことも重要です。消滅時効との関係でもその起算点は、権利を行使することができるときになりますので履行期限の特定が重要になります。

また、契約を締結する場合、その契約に当事者が拘束される期間はいつからいつまでなのかという問題もあります。これを契約期間と言います。契約の始期（スタート）と終期（ゴール）を定めておくものです。いついつまでに通知がなければ、契約はそのまま同じ条件で継続するという規定もあります。これを「自動更新」の定めと言います。こうした契約期間に関する定めも、その条項の記載から明確に読みとれるようにしておくことが、後日の紛争を防止するために重要になります。

# 第5章
# 小説で読む
# ハンコのトラブル110番

この章では、ハンコにまつわるトラブルを、ストーリー仕立てで展開します。どの章も、ハンコのことで困った体験が小説風に書かれています。「ハンコ小説」と勝手ながら、題をつけました。

いずれもフィクションであり、実在の事件でもなければ、実在の事件に関連するものでもありません。しかし実際にだれに起きてもおかしくないようなことばかりです。

読み物として、へえ、という感じで楽しんでいただければ、今までの章の話が、より具体的なイメージとしてわくと思います。

では、物語の世界に進んでみましょう。ページをめくると、5つのハンコ小説が始まります。あなたも小説の主人公になったつもりで、追体験をしてみてください。

## 1 突然出てきた押した覚えのない古い契約書

久保さんは片づけや整理が大の苦手です。年末になってもテレビを見ているうちにだんだんとめんどうになり、大掃除もここ数年していませんでした。部屋はちらかり放題で、少し前のものになると、なにがどこにあるのかさっぱりわかりません。趣味の読書も次から次へと買った本をブックカバーつきで床に重ねているので、どの本を買ったのか、どの本を読んだのかさえわからなくなることもしばしばです。おもしろそうだと思って買って読んだ本が、実は前に買って読んだ本だったということも。まあ、でもいい本だったから2回読めてよかったかと持ち前のプラス思考で考えていると、また同じ本を買ってしまうなんてこともあります。

さて、そんな久保さんにたいへん素晴らしい出会いがありました。出会いというのは人との出会いではありません。久保さんが好きな本との出会いです。これは！という本に出会えました。それは今流行の「片づけ」をテーマにした本でした。いい加減に部屋を整理しないといけないなと思っていた久保さんは、たまたま書店で見かけた「部屋を片づけて、億万長者になろう！」といううさんくさい本を興味本位で買いました。

帰りの電車で読んでいると、どう考えても億万長者にはなれそうもありませんでしたし、どうして片づけると億万長者になれるのか、その因果関係について言及がなく、すべてはいい方向に向かっていくはずですという曖昧な表現に辟易《へきえき》しました。しかし、億万長者はともかく、片づけについてはハッとするようなヒントがたくさん書かれていました。なにしろ、整理下手な久保さんです。本当はそこに書かれている片づけの仕方は、どの本にも書かれているような内容で、だれでも思いつくようなことではあったのですが、久保さんはすっかりその本に魅了されました。

そうか！　捨てればよかったんだ。久保さんがその本から得た最大のヒントは「不用なものは捨てればいい」ということでした。久保さんはどれも大切に思えてしまい、あるいは大切でないと思っても、あとからもしかしたら使うかもしれないと思うと、ものをまったく捨てられない人でした。しかしその捨てられないことが、部屋が散らかる原因だったと気がついたのです。電車のなかで興奮し始めた久保さんは最寄駅に着くと、早速その本を駅のゴミ箱に捨てました。その本に書かれていた「不用なものは捨てればいい」という名言にしたがって。

帰宅して夕食を食べ終わり、入浴をすませた久保さんは、夜の11時を過ぎていましたが、早速、部屋の片づけを始めることにしました。「不用なものは捨てればいい」とつぶやきながら。すると、面白いことにほとんどのものが不用だったことに気づきました。といっても、なかには捨てるべきか、捨てないべきか迷うものもありました。そういうものは捨てない方針をとりましたが、それでも部屋が随分とキレイになりました。

さて、片づけの話が続いていったいなんなんだと思ったかもしれません。ここからが本題です。片づけをしていると、久保さんは机の引き出しの奥にくちゃくちゃになった紙切れを見つけました。「不用なものは捨てればいい」とつぶやきながらゴミ箱に捨てようとした瞬間、あっと久保さんは声を上げました。

その紙切れは黄色くなっていましたが、どうやら久保さんがハンコを押した契約書だったことがわかったからです。古いものなので記憶がよみがえってきません。いったいなんの書類なんだと思案をしましたが、いっこうに思い出すことができません。

書いてあることを読んでも、さっぱり記憶がありません。しかし、たしかに久保さんの筆跡で署名がされています。署名のあとにはハンコも押されています。ハンコには覚えがあります。今でも使っている認印です。久保さんがこの契約書にサインをしてハンコを押したことは事実のようです。

しかし、まったく記憶にはないことでした。「記憶にございません」と国会で答弁する政治家は、弁解をしているだけかもしれません。これに対して久保さんの場合は、本当に記憶にありません。「記憶にございません」久保さんはつぶやいてみました。さて、ハンコを押したことが記憶にまったくない場合、その契約書は効力をもつのでしょうか。

久保さんはそんなことを考えているうちに、片づけをする手が止まっていました。そうだ、こんなことを考えている場合ではない。片づけをしなければ。久保さんは片づけを再開しようと思いましたが、時計を見ると午前1時を過ぎていました。あしたも会社だし、今日はこのへんにしてそろそろ寝るか。久保さんはハンコが押された契約書を引き出しにしまうと、ベッドに入り眠りました。

翌日になるとすっかり前の日にあったことなど忘れ、久保さんはいつもの日常に戻っていきました。片づけも途中でストップしたまま、また部屋が散らかり始めました。しかし、おかまいなく、もとの久保さんのライフスタイルになりつつありました。

３カ月たったある日、久保さんは出張先の空港にあった本屋さんで再び「部屋を片づけて、億万長者になろう！」という本を見つけます。なるほど片づけか、と思った久保さんはその本をすぐに購入し、出張先のホテルで読みました。３カ月前に買った本であることもすっかり忘れて……。ホテルのベッドで横になりながら、その本を読んだ久保さんは、周囲をみまわし、なんとこの部屋はキレイなんだろうと思いました。それに引き替えうちは……。

久保さんはホテルの部屋には不用なものがひとつもないことに気づきました。そうか、この本に書かれていることは正しいんだ。キレイに片づいている部屋には、不用なものがないんだ。そうか。不用なものは、捨てればいいんだ。久保さんは左手の手のひらに右手のこぶしを垂直にぽんとあてると、家に帰ったら不用なものは捨てるぞと決意しました。

翌日、帰宅した久保さんは早速部屋の片づけを始めました。だいぶキレイになりました。これなら快適な暮らしができそうです。しかし、億万長者になれるかどうかはあやしいな、うさんくさいなと思ったところで、久保さんはハッとしました。そうだ、この本は前に読んだことがあるじゃないか。今さら気がついた久保さんは、前にその本を読んで片づけをしたときに、古い契約書があったことを思い出しました。しまった、きちんと見るのを忘れていた。引き出しだ、引き出し。久保さんは、机の引き出しをあけ、3カ月ぶりに黄色くなった契約書を取り出しました。これだ……。

それにしてもやはりハンコを押した記憶はないなと久保さんは首をひねりました。どうあがいても思い出すことができない。サインをしたことも、ハンコを押したことも、まったく記憶にございません。久保さんは政治家になった気分で声に出して言ってみました。……で、そんな答弁が通るのだろうか？　あっ、これも前に言ったことだった。久保さんは3カ月前の疑問にようやく戻ってきました。

さて、こんな答弁は許されると思いますか。もちろん、答えはＮＯです。もちろん、許可していないのに勝手にサインをされハンコを押されたという場合は、偽造として争うことができます。しかし記憶にないからといっても、自分の筆跡でサインがされており、ハンコが押してあることは確かなのです。記憶にないことに契約の拘束力を認めてしまっていいのですか、と思う方もいるかもしれません。しかし、そんなことが通用するようになってしまったら自分に不利な契約を締結した人は、裁判でみんなこう言うでしょう。

「記憶にございません」と。

それは通用しません。通用させないためにサインをさせ、ハンコを押させるのです。

ただ、民事の請求には時効があります。普通の権利は10年過ぎると消滅時効にかかります。消滅時効は内容によってもっと短いものもあります。株式会社など商法が適用される法人などの場合には、原則として5年で消滅時効にかかりますが、もっと短く消滅時効にかかる権利もあります。

いずれにしても原則は10年です。例えば、久保さんの契約書が借用書だったとして、返済期限が10年以上前だったとします。この場合、その10年の間に債務を承認するなどの消滅時効を中断させる事情がないかぎりは、消滅時効を援用することができます。

古い契約書で記憶がないからといって、契約の拘束力を否定することはできません。ただし、古い契約書の場合には消滅時効にかかっている可能性はあります。

結局、久保さんは次の日になると、すっかり契約書のことは忘れてしまいました。幸いなんの請求もなく日々が過ぎていきました。いったい、なんの契約書だったのでしょう。どうやらお互いに忘れてしまった契約のようです。

## 2 再婚後の幸せな家庭を襲った前夫との契り

竹田さんは離婚後、学生時代の後輩と街で偶然出会ったのをきっかけに交際を始め再婚をしました。その女性は竹田さんと再会したときには家庭をもっていたのですが、ご主人が外に女性を作ったこともあり、協議離婚をしました。その後、竹田さんとめでたくゴールインしたのです。

その後、竹田さんは新しい奥さんとの間に子どもも生まれ、仲良く暮らしていました。竹田さんは、大手家電メーカーに勤めており、仕事も忙しかったため、平日はなかなか奥さんと話をする機会もありません。それでも出勤前の朝の時間は、奥さんが焼いてくれたパンにいちごジャムをぬり、それを食べながら奥さんの話に耳をかたむけていました。竹田さんから話題をふることはあまりありませんでしたが、奥さんのほうから今流行っているお店のことや、芸能界のニュース、週末に行ってみたいスポットなどについてあれこれ話をするので、それをうんうん、そうなんだと聞いていました。平穏な毎日でした。

ところが、1週間ほど前から奥さんの顔色が心なしか悪くなり、焼かないままパンを出したり、いちごジャムを冷蔵庫から出すのを忘れたりと、ふだんと違う行動が増えてきました。

「元気がないようだけれど、だいじょうぶかい。疲れているなら、朝は無理しなくてもいいよ」と竹田さんが奥さんに話しかけると、奥さんは「なんでもないの。うっかりしてたわ。すみません」という返答。なんだか様子がおかしいなと思いながらも、その原因がつきとめられないままでいました。

そんなある日、いつものように出社しパソコンの画面とにらめっこをしていた竹田さんに、聞いたことのない金融機関から電話がかかってきました。なんだろうと思い電話に出ると、奥さんが払えないなら旦那が払いな、とドスのきいた声が受話器から聞こえました。なんのことですかと竹田さんが力をこめて言うと、奥さんから聞いてないのか、いずれはあんたのマンションも差し押さえるからなと言い残し、ガチャンと電話が切られました。

不審に思った竹田さんは、なにかのいたずらだろうと思いながらも、帰りの電車のなかでここ1週間、奥さんの様子がおかしかったことを思い出します。まさか……。竹田さんは奥さんの様子と日中に会社にかかってきた脅しの電話を重ね合わせ、からだががくがくと震えてきました。いやな予感がしました。

帰宅すると竹田さんは奥さんに、日中会社に金融機関から電話があったこと、奥さんが払えないなら旦那が払えと言われたこと、家を差し押さえると脅されたことを話しました。すると、奥さんはひざを床に落とし、大粒の涙を流し始めました。やっぱり……。いやな予感が的中したと思うと、竹田さんはがっくりと肩を落としました。

しかし、よくよく奥さんの話を聞いてみると、竹田さんが思っていたこととは少し状況が違いました。竹田さんは仕事が忙しくかまってもらえない寂しさから、奥さんが高級ブランドの品々を買いあさり、クレジットカードで借金がふくらんでしまったのかと思っていました。テレビなどでカード破産をするほど借金をする人が増えているというニュースやドキュメント番組を見たことがあったからです。

しかし実際は違いました。奥さんが借金をしたのではなく、奥さんの元旦那さんが事業に失敗し倒産したというのです。元旦那さんと結婚していた当時に、元旦那さんが事業のため金融機関から融資を受けた際に、連帯保証をしていたのが原因だったというのです。元旦那さんの会社も元旦那さん個人も破産したため、借金が免責され、金融機関に負債を負っているのは連帯保証人である奥さんだけだというのです。

おそるおそる金額を聞くと、2500万円だと言います。とても竹田さんが助けてあげられる額ではありませんでした。竹田さん自身も数年前にマンションを購入したばかりで、そのローンが30年以上残っている状態だったからです。

どうしたものかと思い、出社すると竹田さんにまた金融機関の人から電話がかかってきました。「家内は払えません。わたしも払えません。そもそも家内が借金したわけではありませんし、今は借金した人とも離婚し、わたしと新しい家庭をもっているのです。勘弁していただけませんか」と勇気をもって竹田さんは言いました。しかし、期待した答えは返ってきませんでした。

「ふざけんな、ぼけえ。連帯保証人はなんのためにおると思ってるんや。こういうときのための連帯保証やろ。ハンコ押したのは奥さんやで。奥さんが払うのはあたりまえやろ。それからな、奥さんが専業主婦で払えないちゅうなら、ええ会社勤めているあんたが払うべきやろ。あんたも連帯保証人と結婚した以上、当然あんたも連帯して保証せなあかんやろ。払えないなら、あんたのマンション押さえるで」と怒声をあびせられました。冷たい汗が流れてきました。

たしかに竹田さんは、今の奥さんと再婚しました。そうすると、「夫」である竹田さんは「妻」である今の奥さんの連帯保証人としての義務も連帯して負わなければならないのでしょうか。夫婦の連帯責任があるのでしょうか。

答えは、ＮＯです。よく借金をした人がいれば、その家族も返済する義務があると思われている方がいます。成人した子どもでも借金をして返せなくなったら、親が返さなければいけない。奥さんが借金をしたら旦那さんが返さないといけない。弟が借金をしたらお兄さんが返さなければいけない。こうしたことは、いずれも間違いです。

もちろん、道義的にはひとさまからお借りしたものを返せなくなったら、まわりの家族ができるかぎり協力して返済していくというのがかなっているのかもしれません。しかし、法律上は家族には一切返済義務はありません。ひとりひとりに財産権が保障され、個人の尊厳が尊重される日本国憲法のもとでは、借金などの債務はその人がハンコを押して契約を交わさないかぎりは、家族だとしても肩代わりをする必要はないからです。よく家族も道連れで破産することがあるのは、家族も連帯保証人になっていた場合です（夫婦の場合には、日常的な家事に関して発生した債務については連帯責任がありますが、連帯保証はこれにあたりません）。

奥さんの元旦那さんの会社が金融機関から借りた事業資金について、竹田さんは連帯保証人としてハンコを押したことはありません。したがって、今の奥さんが連帯保証人として2500万円を返済する義務を負っていたとしても、竹田さんがそれを返済する義務は法律上はありません。そうである以上、金融機関が竹田さん名義のマンションを差し押さえることはできません。竹田さんに電話をかけてきた金融機関の人はおどしをかけていただけなのです。

おどしに屈して竹田さんが任意に払ってしまった場合は、それを返せと言うことはできません。借金を返済することを、法律上、弁済と言いますが、弁済は返済義務を負っていない第三者でも行うことができるとされているからです。これはできるというレベルです。竹田さんは奥さんが連帯保証をした２５００万円を返済する義務はまったく負っていませんが、奥さんのために自腹をきってみずから返済をすることはできるのです。

したがって、おどしに屈するか屈しないかにかかわらず、奥さんのために竹田さんが少しずつ２５００万円を返済していくという方法はあります。しかしマンションのローンも30年以上残っているのですから、大企業勤務といってもサラリーマンの竹田さんが２５００万円もの返済をしていくのは実際には困難でしょう。

結局、竹田さんの奥さんは弁護士に相談した結果、２５００万円を返済するのは竹田さんの力を借りても困難であると判断し、破産申立てをすることにしました。自己破産をすれば竹田さんの奥さんは、カードが作れなくなるなどの不利益は受けますが、旦那さんが生活する力をもっている以上、２人で泥船に乗り２５００万円を返済し続けるよりはマシだと考えたからです。

このように、自分が借りたお金ではなくとも連帯保証をしたため、破産せざるを得ない例があるのです。

## 3 私を地獄に突き落とした裁判所からの通知

伊藤さんは親戚の伸夫おじさんから、今度会社を作ることになったという話を聞きました。会社勤めの経験しかない伊藤さんは会社を作ることのイメージがいまいちわきませんでしたが、いわゆる起業だということでお祝いに花を贈りました。

すると伸夫おじさんからお礼の電話がかかってきました。「ありがとう、おじさんのためにありがとう」と元気な声が伝わってきました。なんの会社なのかもよくわかりませんでしたが、喜んでいる伸夫おじさんの声を聞いていると、伊藤さんも自分のことのように嬉しくなってきました。

会社勤めをやめるつもりはなくおそらく定年になるまで今の会社に勤めるだろうと考えていた伊藤さんにとって、自分で会社を立ち上げた伸夫おじさんはバイタリティがありすごいなあと、素直に感心していました。そのため、電話を切る前に「それできみに、ちょっと相談があるんだよ」と言われたときも自分に役に立てることがあれば協力しようと思ったのでした。

仲夫おじさんとは、おじさんの自宅の最寄駅にある喫茶店で会いました。

「しかし、本当にすごいですね、おじさんは。ぜひこれからおじさんの会社を見せてください」と伊藤さんが言うと、仲夫おじさんは決まりが悪そうな顔をして窓の外を眺め、黙ってしまいました。

なにか気分を害することでも言ったのかと心配し、言葉のつぎ穂を探していた伊藤さんに、仲夫おじさんは、ふーっとため息をつくと、「実はまだオフィスのほうは始動してないいんだよ」と会社の実情を話し始めました。話が長くなったため要領を得ませんでしたが、会社を設立するためにほかにも役員が必要で、伊藤さんに名前を貸してもらえないかという相談でした。

伊藤さんは会社を設立することなど考えたことがありませんでしたし、勤め先の会社では営業担当だったため、商法や会社法などの法律知識もありません。よくわからない分野のことですが、仲夫おじさんの話によると取締役がもうひとり必要だということでした。ただ、本当に取締役として会社の経営をする必要はなくて、登記をするために手続上、名前だけ貸してもらえればいいということでした。

伊藤さんは仲夫おじさんの会社を経営する気などありませんでした。しかし、名前だけということだったので、「それであればいいですよ」と親切心からすぐに承諾をしました。新しいことを始めようとしている仲夫おじさんの元気な声を、これからも聞けるのであれば名前を貸すくらいいいだろうと思ったのです。

「じゃあ、必要な手続があるかもしれんから司法書士の先生に聞いて、もしかしたらあとから書類を送るかもしれん。そのときはハンコ押してえな。今日はありがとう」と仲夫おじさんに言われると、わかったよと微笑んで、伊藤さんは喫茶店を後にしました。

それから2週間ほどたったある日、伊藤さんの自宅に仲夫おじさんから封筒が届きました。開封してみると、「先日はありがとう。これが書類です。ハンコを押したら、返信をお願いします」という手紙とともに、「取締役就任承諾書」という書類が入っていました。ああ、これにハンコを押せばいいのだなと伊藤さんはすぐにハンコを押して、同封されていた返信用封筒にハンコを押した取締役就任承諾書を入れて、ポストに投函しました。仲夫おじさんには小学生のころによく遊んでもらった思い出がありました。これで少しは役に立てたかなと伊藤さんは満足しました。

しかし、そんなハンコを押したことも忘れていた3年後、伊藤さんのもとに裁判所から郵便が届きました。なにかと思い開けてみると、なんと訴状が入っていました。

読んでみると、「被告は3000万円を支払え」と書かれています。伊藤さんを被告として、3000万円の損害賠償請求の訴えを提起されたのです。その理由は、伸夫おじさんが作った会社が行った違法行為について、取締役としての責任を追及するというものでした。

伊藤さんは青ざめました。3000万円だなんて、払えるわけがない……。だいいち名前だけという話だったのに、いくらなんでもひどいじゃないか。伊藤さんは同時に怒りがこみあげてきました。すぐに伸夫おじさんに電話をすると、留守電に切り替わってしまい電話に出てもらえません。伊藤さんはおじさんのために名前を貸しただけで、会社の経営にまったくタッチしていないばかりか、役員報酬ももらっていません。会社を訪れたことも1度もありません。それにもかかわらず、取締役として登記されているという理由だけで、このような第三者からの裁判で責任を負わなければならないのでしょうか。そう思うとからだが震えてきました。

このようなトラブルはけっこうあります。個人事業の法人なりのケースでは役員の頭数をそろえるために、まったく会社経営に関与しないにもかかわらず親戚などに取締役として登記することを頼むことがあるからです。親戚から名前だけ頼むと言われると、わかりましたと承諾してしまうことが多いです。

しかし、これもハンコにひそむ危険が含まれています。取締役というのは、法律上は第三者に対して損害賠償責任を負う可能性があり、責任が重い役職だからです。それは大企業や上場企業でなくても同じです。会社法が定めている取締役になった以上は、第三者に対して会社が行った違法行為について損害賠償責任を負うべき立場にあります。これを取締役の第三者に対する損害賠償責任と言います。

伸夫おじさんの会社がどのような違法行為を行ったのかはわかりませんが、違法行為を行った事実があり、訴えを提起してきた原告がその違法行為によって３０００万円の損害を被ったことが立証された場合、伊藤さんは裁判で敗訴する危険がありま す。取締役として登記されている以上、取締役の責任を負うべきとする判決がくだるおそれがあるからです。

たしかに伊藤さんは会社の経営にまったく関与していませんので、名目上の取締役とでもいうべき地位にあるのが実際です。しかし、株主総会で取締役に選任され（書類上は選任された議事録を作っていると思われます）、取締役就任承諾書に伊藤さんがハンコを押してしまっています。そしてその結果、商業登記がなされている以上、伊藤さんがその会社の取締役であることは、法律的には明らかというほかありません。

法律的には取締役である以上、伊藤さんは実際は取締役として活動している事実はないんだ、名目に過ぎないんだと言いたいでしょうが、第三者から見たときには名目上の取締役かどうかは判断できません。そこで、違法行為によって損害を被った第三者を保護する観点から考えると、取締役になることの承諾をした伊藤さんは損害賠償責任を負わされるリスクが高いと言わざるを得ません。

取締役就任承諾書は、取締役としての登記をするために必要な書類です。その意味では伸夫おじさんが言ったように手続的な書類に過ぎません。しかし、法律上、取締役になるということはこうした重い責任を負うことです。実際に取締役として活動しているかどうかにかかわらず責任を負わされる危険があります。頼まれたからといって、安易にハンコを押さないように気をつける必要があります。

これに対して、取締役就任承諾書にサインもしていないし、ハンコも押していないのに勝手に取締役として登記されていたというケースもあります。こうしたことが商業登記簿謄本を見てわかったときには、すぐに抹消登記の手続を求めることです。取締役に就任することについて同意もしていないのに、知らない間に取締役の登記をされてしまう例はあります。

この場合は、ハンコを押してもいるわけではないので、ハンコで気をつけるべきポイントではありません。ただ、連帯保証人の責任が重かったように、取締役の責任も重いことは知っておく必要があります。

## 4　取引先の社長からかかってきた法外な賠償請求の電話

高井さんはおじいさんの代から東京の下町で工場を営んでいます。小さな町工場で製造している商品は部品のひとつに過ぎませんが、ニーズの高い分野でした。従前よりその商品の世界では第一人者として走り続けているため、幸いにも多くの取引先から注文をもらっていました。といっても、不況の波を数年前から受け始め、受注を受ける数も少しずつ減少し、商売を続けるのもなかなか厳しい状況が続いています。

自宅兼工場、自宅兼事務所のため、賃料を支払わなくてよい点と、従業員も家族がほとんどで固定費が少ないため、なんとか持ちこたえてきましたが、このたびX社に不良品を納入してしまい大問題が起きてしまいました。

高井さんは代々継いできた製造会社の代表です。大半を家族でやっている工場なので、高井さんが社長であり、営業であり、工場長であり、現場担当であり、と実際はひとりで毎日奔走するような業務です。睡眠時間もなかなか落ち着いてとれません。そんななかで、大口の取引先であるX社に納入した部品に欠陥があったことがわかりました。X社の社長は顔を真っ赤にしてかけつけてきた高井さんをどなりつけました。高井さんは申し訳ありません、申し訳ありません、とひたすら謝罪をして帰ってきました。

すべて高井さんの工場で引き取り、無償で同じ部品を納入することを約束して、工場に戻ってきた高井さんは、すぐにX社に新たに納入しなければならなくなった商品の製造にとりかかることにしました。二度手間で同じ部品を作ることになった挙句、代金ももらえなくなってしまいました。

しかし、大口の取引先です。今後のことを考えれば今回の件は無償でも許してもらえれば、今後は今までどおり継続的に発注をもらえる可能性があります。誠実な対応を心がけ、必死になって部品の製造に集中することにしました。

ところがしばらくすると、X社の社長から電話がかかってきました。電話に出るとX社の社長はこう言いました。

「いやあ高井さん。さっきの件だけど、あれね、よう考えてみましたら契約書があったでしょう。そうそう、あの契約書ですわ。あれもう1度見てみたら、今回みたいな欠陥のある部品を納入された場合にはね、損害賠償してもらえるって規定があったんです。13条です。ええ、そうです。そうそう。13条2項ですわ。ようく読んでくださいよ。ねえ、書いてますよね。高井さん、欠陥のある商品を納入して損害を与えた場合には、おたくの会社はうちの会社に5000万円の損害賠償金を支払うって。書いてありますよね。ええ、そうです。高井さん、おたくのハンコもちゃんと押してありますよね。おたくの会社の名前と代表取締役として高井さんですわ。

これ、契約ですから有効でしょう。うちも不況でたいへんなんですわ。今回うちも、えらいおしかりうけているんですわ。大損ですよ。信用問題。わかりますよね。商売の世界ですから。そしたら5000万円でも少ないくらいです。そう思いませんか。とにかく、契約ですから5000万円請求させてもらいます。えっ。そんなに払えるわけがないですって。いやいや契約でしょう。これは高井さん。払わないとおっしゃるんでしたら、こちらも弁護士さんに相談してそれなりの対応をとらせていただきますよ。では、よろしくお願いしますわ」

そう言うとX社の社長は、電話をがちゃんと切りました。契約書にはたしかにハンコを押しました。高井さんの工場では、発注はファックスや口頭で受けることも多いので、いちいち契約書を作ることはしていません。ただ、発注先が契約書を作っている場合には、ハンコを押すことを求められますので、ハンコを押していました。どれも定型の雛型どおりだと聞いていたので、細かい字でびっしり書かれた条項をチェックすることもなく、高井さんはハンコを押していました。

実際、契約書に書かれているだろうというような指摘を受けることはこれまでなかったので、単なる紙切れとしか思っていませんでした。いざとなったら話し合いをすれば解決できるだろうというのがこれまでの高井さんの考えであり、経験でした。

そういうわけで高井さんはX社との契約書の条項について、いちいちその全文を読んだことなどありませんでした。60条くらいあり、ひとつひとつが第5項とか、第6項まであって、とにかく小さい字でびっしりと細かいことがたくさん書いてある契約書でした。少し読んでみるといろいろ高井さんの工場に不利なことが書かれていましたが、そのまま適用して主張されるとは夢にも思っていなかったため、「損害賠償の合意」などという規定があることも知りませんでした。

さて困りました。たしかにX社の社長が言うようにX社との契約書を見ると、13条2項には、「乙が甲に対して欠陥品を納入して、甲に対して損害を生じさせた場合には、乙は甲に対して損害賠償金として５０００万円を支払う」と書かれています。最初は５００万円の間違いではないかと思いました。しかし、老眼鏡で確認すると、５０００万円とたしかに書かれています。

しかし、どう考えても５０００万円もの損害がX社に生じているとは思えません。X社はX社で高井さんの工場から納入を受けた部品をさらに別の会社に卸すことになりますので、そちらとの関係、さらにその先との関係などで損害を被り、信用問題が生じた事実はあるかもしれません。といっても、どう高く見積もっても実損はせいぜい１０００万円程度だと思われるところでした。

高井さんはいくら契約書にハンコを押したといってもおかしいだろうと思いました。X社が実際に被った損害より多い額を、高井さんの会社が払ういわれはないと考えたからです。はたしてそれでよいのでしょうか。契約書で損害賠償の合意をしている場合でも、実際の損害がそこまで至っていない場合には、実損の限度で賠償をすればそれでよいのでしょうか。

さて、これはなかなかむずかしい問題です。民法が定めている契約の原則からすると、損害賠償の合意というのは当事者を拘束するものです。損害賠償の合意は当事者間で、あらかじめもし問題が起きたときにはいくらを支払うと賠償額を決めておくことで、実際の損害がそれ以下でもそれ以上であっても、その合意をした額さえ支払えばよいとするものです。

したがって、高井さんはXさんが実際に被った損害額がいくらかを基準にして賠償すればよいと考えていますが、損害賠償の合意を契約書でしている以上、必ずしもそのような考えをとることはできないのです。端的にいえば、損害賠償の合意をした金額が公序良俗に違反するとか、特別法が定めた強行規定に違反するなどの事情がないかぎりは、その金額を賠償しなければならないことになります。したがって、高井さんは原則として5000万円を支払わなければなりません。

なんでそんなに支払わなければならないんだ、と高井さんは憤慨するかもしれません。しかしそうであれば、なんでそんな条項がある契約書にハンコを押したのでしょうかと言わなければなりません。契約書にハンコを押すということは（高井さんの工場のように、法人の場合は代表権のある代表者がハンコを押すということは）、そこに書かれている条項についてはそのとおりだと認めたということです。契約書にハンコを押すのであればその前に条項をすべてチェックすべきだったのです。チェックもしないで読みもしないでハンコを押した高井さんに落ち度があるというほかありません。

特に会社と会社の間で締結した契約書ですから、消費者である個人が何も知らないで契約書にサインをさせられるのとは意味が違います（もちろん、その場合でも、契約書にサインをすれば原則としてその条項に拘束されます。ただし、大学入学金を没収することが無効とされ、受験者に返還を命じた判決があるように、消費者契約法などの強行規定に違反する合意は無効になる可能性もあります）。

ただし、X社が実際に被った損害よりはるかに大きい額での合意になっているのだとすると、裁判所で争うなどすれば金額を減らしたかたちで和解ができる可能性はあります。また裁判所まで行かなくてもX社と交渉をすれば、一定の額まで下げてもらえることもあるかもしれません。その意味では、安易に5000万円の支払いに応じる必要はありません。

しかし、もとに戻れば、契約書をチェックしておけばよかったのです。「13条2項はおかしくないですか、5000万円は高すぎます」と言って削除してもらうか、想定できる額を限度にしてもらうなどの提案をして、修正を求めるべきでした。ハンコを押すのはそれからにすべきでした。

ハンコを押す前には、どんなにめんどうだと思っても条文のひとつひとつに目を通すことが大切です。あとで大問題になることを防ぐためだと考えれば、真剣に取り組むことができるはずです。

## 5　10年後に届いた友からの内容証明

原田さんが受け取った書類は、内容証明郵便でした。平凡な生活を続けてきた原田さんにとって、ドラマや小説にあるような事件に対するあこがれがありました。たいへんなことに巻き込まれた主人公も、ドラマや小説のなかではなんだかいきいきしているように見えるからです。対して自分の生活に目をやると、事件と呼べるようなものなどこの数十年ほとんど起きたことがありませんでした。そんな日常に対するつまらなさから松本清張の小説を読みふけっていた原田さんにとって、たしかに自分あてに届いたその1通の内容証明郵便は、やっかいなことになったかもしれないぞと思うと同時に、小説の主人公になったような気持ちの高ぶりを感じさせました。

さて、と原田さんはハサミを手にとり言いました。そして、なにがさてだ、と自分に対してつっこみを入れると、ほくそ笑みました。原田さんはこれまで本書に出てきた人たちとは、随分と違うタイプの方のようです。ざくりとハサミを入れると、原田さんは高揚する気分を抑えて、小刻みに震え始めた右手の感触を確かめながら一気に封筒を切りました。

いったいここから何が出てくるんだろう。どんなスリリングな書類が俺の前にあわれるのだろう。原田さんはすっかり小説の主人公になった気分で、中身を取り出しました。

原田さんが最初にその内容証明郵便の差出人の名前を見たときに思ったのは、「しまった」ということでした。しまった。原田さんがそう思ったのは、差出人のXさんから以前にお金を借りたことがあったからです。身に覚えのない請求であったら面白かったのにと原田さんは少し落胆しました。落胆するというのもおかしな話なのですが、同時に、しかしたいへんなことになるかもしれないぞと思いました。なにしろ借りたお金は返してなかったからです。開封する前から、「このやろう、おまえいい加減に金返せ」というXさんの気持ちを受け取ったような気分になりました。

あれはいくらだったろう。原田さんはハサミを入れる前に、Xさんから借りた金額を思い出そうとしました。けっこうな額だったということは覚えています。３００万円くらいだったかな、原田さんは1円も返していないので、この書類を受け取ると、きっと裁判を起こされるのだろう、そして被告になるのだろうと思いました。

被告。この俺が裁判で「被告」になれる。被告というのは、民事の裁判で訴えられた人の呼び名です。そのことを原田さんはよく知っていました。いよいよだ、いよいよ。俺が訴えられる。平凡な人生を過ごしてきた俺にもドラマが始まるぞ。

原田さんは普通では考えられない思考のもと、内容証明郵便の封にハサミを入れて中にある紙を広げました。さあ、いくらだ。さあ、いったいいくらだ。言っておくが俺は50を過ぎていまだに未婚だ。女にはもてないから女に金を使う必要はまったくない。しかし、酒が好きだ。酒好きだから金はない。

もともと親父のこねで大企業に勤めていたが、うまくやることができず退職した。今は自営で運送業をやっている。健康食品を客に届ける仕事だ。50を過ぎて毎日運転をし、ものを運ぶのはしんどいときもある。これが俺の人生だ。そして大してもうからないから、金は手元に残っていない。

いいか、X。ざまあみろ。残念ながら俺はおまえから訴えられても返す金がないんだ。だから３００万だか、５００万だか忘れたが、今さら請求されても手遅れだ。今さらというか、もともと返す金なんてなかった。だからこそ借りたんだ。

さて、小説の読み過ぎでしょうか、ドラマの見すぎでしょうか。自分のもとに内容証明郵便が届いたというのに、空想ばかり繰り広げてしまい、原田さんは目の前にある現実となかなか向き合おうとしませんでした。

しかしあれはいつのことだったか。Xから金を借りたのはいつだったろう。もう7〜8年くらい前ではなかろうか。原田さんは平凡な人生を送ってきたため、なにか心がわくわくするような思い出ももちあわせていません。なにも思い出すようなことがないので、昔の記憶の糸をたぐり寄せることが思うようにできませんでした。

ちょうど会社をやめたころだったろうか。次の就職先も見つからずに1番金に困っていたときだったかもしれない。そうだ。それで、高校時代の同級生のXにたかったのだった。Xは学生時代から頭もよく学校の成績も抜群によかった。顔もよくスポーツもできた。俺とはまったく対照的だ。しかしXは俺とよく遊んだ。俺がでたらめなことを口からでまかせに言うと、なんでも信じてしまうんだ。

「すごいなあ、そうなんだ。原田はなんでも知ってるんだな。僕は学校の勉強以外はまったく知らないから、本当に尊敬するよ」Ｘは俺によくそう言っていた。

思い出してきたぞ。そうだ。そうだった。すごいもなにもあるかと俺は心のなかで思っていた。学校の勉強ができればそれだけで十分じゃないかと、毒づいてやりたい気持ちにもなった。しかし、Ｘの目を見ていると、Ｘは本当にそう思いこんでいるのだった。それがわかったから、俺はほかのやつらと違ってＸには毒づくことをせず、つい口からでまかせの裏情報や芸能情報などを教えてしまうのだった。Ｘは俺の言っていることを、「すごいなあ、そうなんだ」と目を大きくして聞いていた。

Ｘは女にももてたし、社会に出ると出世した。しかし、俺がたまに電話をかけると忙しそうな顔をしながらも、夜のバーにかけつけてくれた。たいがい勘定はＸが払ってくれた。俺は金がないし友だちもいないから、２〜３カ月に１度くらいはＸを呼び出した。学生時代から引き続きの口からでまかせを言っていたが、Ｘは相変わらず、「すごいなあ、そうなんだ」と言ってくれた。こちらも大人になったから、ワイドショーや週刊誌に書かれていたことに細工をしながら話を作っていたのだが、考えてみるとＸはそもそもそういうテレビを見たり、雑誌を読むことなどまったくなかったようだったから、俺の話が新鮮だったのかもしれない。あるいは、俺の口から聞くことが、Xにとってネタになっていたのかもしれない。俺はいわば情報源だったのかもしれない。原田さんの回想は延々と続きました。

さて、だいたいわかった。これから起きるドラマの道筋が見えてきたぞ。原田さんは、30分以上続いた回想をやめ、いよいよ中身を読むことにしました。500万円だったかもしれない。しかし、あいつはなんですぐに俺に請求しなかったのか。まあ、すぐに請求しても返すことなどできなかったが、それにしてもバカなやつだ。バカ正直なんだ、Xは。出世したかもしれないが、バカとしか言いようがない。俺に金を貸したのが間違いなんだ。50を過ぎて、バカさ加減にようやくXも気づくだろう。返す金のないやつに貸してしまったと。

さて、原田さんは、一気に中身を読みました。そこには平成11年9月に貸した100万円を速やかに返済せよといったことが書かれていました。そして、10日以内に返済をしない場合には、法的措置をとることも辞さないと書かれていました。そうだ。そうだ。これが内容証明郵便だ。裁判だ。いよいよ被告になれるぞ。

高ぶる気持ちを抑えながら、最後まで読み終えた原田さんはもう1枚最後にページがあることに気づきました。そのページに目をやると、「はっ」と原田さんの目は点になりました。そして、嗚咽《おえつ》にも近い声を狭いアパートに響かせました。うっ、うっ、X、おまえ。おまえってやつは……。

そこには、次の文面が書かれていました。「……なんてことを書いたけど、僕が君に貸したお金は、本当は1000万円だ。桁がひとつ違う。しかし残念ながら10年を経過している。僕が裁判をした場合には、君はこう言えばいい。返済期限から10年以上経過しているので、消滅時効を援用しますと。元気でやってるか」

# あとがき

いかがだったでしょうか。大人になってもハンコを押したことがない人はいないと思います。しかし、ハンコを押すことの意味となると、本当のところよくわかっていない方が多かったのではないでしょうか。

といっても、わざわざハンコの押し方について、法律的なことが詳細に書かれている本を買って勉強しようと思う人は少ないでしょう。聞き慣れない法律用語でまくしたてられた本を読んでも、普通の人にはなにがなんだかさっぱり……だからです。

話は変わりますが、パソコンを使ったことがない人は、パソコンの取扱説明書をいくら読んでも頭に入ってこないと思います。パソコンを使っている人でも、パソコンの取扱説明書を読み込んでいる人は少ないと思います。

クルマでも同じです。自動車教習所に行くと、運転の仕方やクルマの仕組みについて、教本（テキスト）を渡されます。もし、クルマを1度も運転したことがない人が教本だけを読んだとします。それではおそらく、さっぱり意味がわからないでしょう。クルマを運転している人でも、教習所の教本を読み込んでいる人はあまりいないはずです。

こうした例はものごとを理解するためには、具体的なシーンを体験し、イメージをもつことが重要だということを教えてくれます。

実際にパソコンを使ってわからないことがあったときに、取扱説明書の該当箇所を読んだらどうでしょうか。実際にクルマの運転をしていて、気になったことがあったときに教本をめくったらどうでしょうか。問題になっていることが書かれているのですらすらと頭に入ってくるはずです。

イメージがあるとはこういうことです。人は自分が経験し、問題にぶつかったときに、初めてその解決方法を学ぼうと思います。具体的な体験が、学ぼうとする意欲を生みます。その結果、学んだことが頭のなかに入るものです。

自分が体験をしていなくても、他人が深刻な問題を抱えるシーンを見たことがある人は、やはり自分ごととして考えるようになります。その問題が自分にもふりかかってきたらたいへんなことになると実感するからです。

例えば、振り込め詐欺のニュースを見た人は、自分が被害にあった経験はなくても関心をもつ人が多いでしょう。被害にあわないための対策が書かれた新聞記事があれば、読んでおこうと思う方が多いのではないでしょうか。他人の体験でも、その体験をイメージすることができ、自分ごとになる危険があるとわかれば、そのことを貪欲に学ぼうとするのが人です。

本書にあまり法律的に細かいことをたくさん書かなかったのは、そのためです。法律はたくさんあり、その知識だけを追い求めると専門家のレベルになるしかありません。それをあなたに求めるのはおかしな話です。

しかし、クルマの運転のときに最低限知っておくべき交通ルールや注意事項があるように、ハンコの押し方にも、だれでも知っておくべき事柄があります。勉強をする機会がないため、大人でも知らない方が多いです。けれど、だれでも知っておくべきことは、知ろうと思えばそれほどむずかしいことではありません。

だれでも知っておくべきハンコの知識は、ほんの少しなのです。そのほんの少しを理解するためには、ほんの少しだけに限って解説をした本が必要です。

ただし、解説だけだとイメージがわきません。あなたはおそらくハンコのトラブルにあったことはないと思うからです（あったことがあっても、その経験は限られたひとつや2つでしょう）。そこで、本書は、あなたにイメージをもっていただけるよう、いろいろなシーンや物語を用意しました。

似たようなシーンもあったと思いますが、ハンコを押すことで起きてしまったトラブルについては、耳にタコというくらい知っておいていただいたほうがよいのです。そうすれば、他人ごとではなく、明日は我が身と思えるようになります。

イメージをもって、ハンコを押すときに気をつけるべき「ほんの少し」を知ることができれば、もうそれほど怖いことはありません。

あなたはハンコを押すときにやるべきことをしたのであれば、あとはトラブルになったときには、専門家に相談すればいいのです。そこまで高度な知識を身につけることはむずかしいですし、一般の方が身につけるべきだとはわたしは思いません。

知っておくべきことは、ハンコの押し方に限れば、ほんの少しです。ほんの少しを知っていただくために、多くのシーンを挙げ、くりかえし、くりかえし、ほんの少しを取り上げました。「もうわかったよ、そのことは」、と思えるくらいになれれば、本書の目的は達成です。

まだまだわからなかった方は、もう1度ゆっくりと読み返してみてください。くりかえし触れることで学べるのも人です。何度か読んでいるうちに、あるときパッと意味がわかるときがくるはずです。むずかしかったと思われた方は、何度も読み直してみることです。

また、本書はほんの少しのみを取り上げたため、より発展的なことを知りたい方は、他の本をお読みになって勉強をされるとよいと思います。特に契約を締結する機会が多い方や、これから大きな契約をする予定がある方は、契約書に関する本を数冊買われて読むとよいと思います。本書は、その橋渡しとしての意味もあります。

本書は、入門中の入門編です。その先に興味をもたれた方は、ぜひその意欲を次の勉強につなげてみてください。この社会では、契約や法律のことを少しでも多く知っていると、自分を守れることがあります。知っていることで得をする場面もあります（逆に、知らないことで損をすることもあります）。

ハンコを押すことはリスクをともないます。リスクの具体的な内容をわからないままにハンコを押すことはよくありません。あとになって痛い思いをする可能性があるからです。こうしたリスクについてイメージをもっていただけるよう、具体的なシーンをたくさん挙げました。しかし、実際にはあなたも連帯保証人になってあげなければならない場面があるかもしれません。不利益が及ぶ危険はあっても、契約書にハンコを押さなければならない場面があるかもしれません。そのときに大事なことは、リスクをわかったうえで（覚悟をしたうえで）、ハンコを押せるかどうかです。こんな可能性があるだろうなあとわかったうえでハンコを押すのと、なにもわからないでハンコを押してしまうのとでは、雲泥の差があります。この点で、ハンコを押すことの意味を知ることは重要になってきます。

あなたにとって、本書が少しでもお役に立てたのであれば、たいへん嬉しく思います。最後までお読みいただきましてありがとうございました。

平成23年3月

弁護士　木　山　泰　嗣

本書は祥伝社黄金文庫のために書き下ろされました。

弁護士が教える本当は怖いハンコの話

一〇〇字書評

切り取り線

| 購買動機（新聞、雑誌名を記入するか、あるいは○をつけてください） | |
|---|---|
| □（　　　　　）の広告を見て | |
| □（　　　　　）の書評を見て | |
| □ 知人のすすめで | □ タイトルに惹かれて |
| □ カバーがよかったから | □ 内容が面白そうだから |
| □ 好きな作家だから | □ 好きな分野の本だから |

●最近、最も感銘を受けた作品名をお書きください

●あなたのお好きな作家名をお書きください

●その他、ご要望がありましたらお書きください

| 住所 | 〒 | | | | |
|---|---|---|---|---|---|
| 氏名 | | 職業 | | 年齢 | |

| 新刊情報等のパソコンメール配信を 希望する・しない | Eメール | ※携帯には配信できません |
|---|---|---|

## あなたにお願い

この本の感想を、編集部までお寄せいただけたらありがたく存じます。今後の企画の参考にさせていただきます。Eメールでも結構です。

いただいた「一〇〇字書評」は、新聞・雑誌等に紹介させていただくことがあります。その場合はお礼として特製図書カードを差し上げます。

前ページの原稿用紙に書評をお書きの上、切り取り、左記までお送り下さい。宛先の住所は不要です。

なお、ご記入いただいたお名前、ご住所等は、書評紹介の事前了解、謝礼のお届けのためだけに利用し、そのほかの目的のために利用することはありません。

〒一〇一‐八七〇一
祥伝社黄金文庫編集長　吉田浩行
☎〇三（三二六五）二〇八四
ohgon@shodensha.co.jp

祥伝社ホームページの「ブックレビュー」からも、書けるようになりました。
http://www.shodensha.co.jp/bookreview/

祥伝社黄金文庫

# 弁護士《べんごし》が教《おし》える本当《ほんとう》は怖《こわ》いハンコの話《はなし》


平成23年4月20日　初版第1刷発行

著　者　木《き》山《やま》泰《ひろ》嗣《つぐ》

発行者　竹内和芳

発行所　祥伝社《しょうでんしゃ》

〒101－8701
東京都千代田区神田神保町3－6－5九段尚学ビル
電話　03（3265）2084（編集部）
電話　03（3265）2081（販売部）
電話　03（3265）3622（業務部）
http://www.shodensha.co.jp/

印刷所　堀内印刷

製本所　ナショナル製本





Printed in Japan　©2011, Hirotsugu Kiyama　ISBN978-4-396-31539-9 C0195

# 祥伝社黄金文庫

漆田公一＆デューク東郷研究所
ゴルゴ13の仕事術
商談、経費、接待、時間、資格――危機感と志を持つビジネスマンなら、ゴルゴの「最強の仕事術」に学べ！

大村大次郎
10万円得する超節税術
「節税」は最高の副業！「控除対策」の知識を駆使すれば「無税」だって夢じゃない！プロの裏ワザを大公開！

荻原博子
荻原博子の今よりもっと！節約術
家計簿つけ、お買いもの、おうち、保険…今日からできる、かんたん生活防衛術！

長谷部瞳と「日経1年生！」製作委員会
日経1年生！
日経は大人の会話の「ネタ帳」。身近なニュースから「経済の基本の基本」がわかります。もう日経は難しくない！

横田濱夫
はみ出し銀行マンの社内犯罪ファイル
インチキ領収書事件、ストックオプションの秘密、証券OLアブナイ告白…〝禁断〟の手口を全面公開！

和田秀樹
お金とツキを呼ぶちょっとした「習慣術」
〝運を科学的につかむ方法〟は存在する！和田式「ツキの好循環」モデルとは？